聊城市哲学社会科学规划重大项目
孔繁森在拉萨口述史资料研究
项目编号：GHXM2023001

我心中的孔繁森

——口述孔繁森采访实录

拉／萨／编

L A S A B I A N

主编／王巍

山东人民出版社
国家一级出版社 全国百佳图书出版单位
西藏人民出版社
བོད་ལྗོངས་མི་དམངས་དཔེ་སྐྲུན་ཁང་

图书在版编目（CIP）数据

我心中的孔繁森——口述孔繁森采访实录．拉萨编/王巍主编．—济南：山东人民出版社；拉萨：西藏人民出版社，2023.9（2024.6 重印）

ISBN 978－7－209－14615－9

Ⅰ.①我… Ⅱ.①王… Ⅲ.①孔繁森（1944—1994）—先进事迹 Ⅳ.①D263

中国国家版本馆 CIP 数据核字(2023)第 091751 号

我心中的孔繁森——口述孔繁森采访实录·拉萨编

WO XINZHONG DE KONGFANSEN——KOUSHU KONGFANSEN CAIFANG SHILU · LASA BIAN

王　巍　主编

主管单位　山东出版传媒股份有限公司
出版发行　山东人民出版社　西藏人民出版社
出 版 人　胡长青
社　　址　济南市市中区舜耕路 517 号
邮　　编　250003
电　　话　总编室（0531）82098914
　　　　　市场部（0531）82098027
网　　址　http：//www. sd－book. com. cn
印　　装　济南新先锋彩印有限公司
经　　销　新华书店

规　　格　16 开（169mm ×239mm）
印　　张　15. 25
字　　数　150 千字
版　　次　2023 年 9 月第 1 版
印　　次　2024 年 6 月第 3 次
印　　数　10001－11000
ISBN 978－7－209－14615－9
定　　价　48. 00 元

“口述孔繁森采访实录系列”编审委员会

《我心中的孔繁森——口述孔繁森采访实录·拉萨编》编辑委员会

布达拉宫广场

西藏和平解放纪念碑

拉萨市人民医院

拉萨火车站

拉萨雪鹰通用航空公司停在机坪的直升机

拉萨纳金大桥

拉萨中华文化公园

拉萨洲际酒店、会展中心广场

序

李长萍

“一尘不染两袖清风，视名利安危淡似狮泉河水；二离桑梓独恋雪域，置民族事业重如冈底斯山”，人们曾用这样一副挽联，表达对孔繁森的敬爱之情。斯人已逝，精神永存。孔繁森的崇高精神始终感动和激励着无数人。

孔繁森是在齐鲁大地上成长起来的时代楷模，孔繁森精神是聊城这片土地孕育出来的伟大精神。当年，聊城的宣传文化事业凝聚着他的心血，帮包乡村的田野里有他挥洒的汗水，莘县面貌一新的乡村学校见证了他辛勤的付出，黄河故道上广袤的林场留有他深深的足迹。孔繁森两次离开家乡奔赴西藏，历时十载，把毕生都奉献给了雪域高原，用生命浇灌了民族团结进步之花，被誉为党员领导干部的楷模、民族团结的典范。我们要学习孔繁森顾全大局、无私奉献的坚强党性，热爱人民、服务人民的公仆情怀，清正廉洁、克己奉公的高尚品德，艰苦奋斗、知难而进的拼搏精神，开拓进取、求真务实的优良作风。孔繁森精神是激励聊城人民矢志不渝、砥砺奋斗的一面光辉旗帜，也是推动聊城加快建设新时代社会主义现代化强市的不竭动力。

2018 年，习近平总书记在山东考察时指出："在党的教育培养下，山东涌现了一大批英雄模范人物和党的好干部，焦裕禄、孔繁森就是其中的杰出代表……山东要用这些重要历史文化和革命文化资源来加强干部队伍建设，努力培养更多的好干部。"习近平总书记的重要讲话深刻阐释了孔繁森精神的时代价值，为我们学习弘扬孔繁森精神指明了方向、提供了遵循。

——我们强化示范引领，坚持用孔繁森精神教育引导全市党员干部。在孔繁森故里（东昌府区堂邑镇五里墩村）建设了孔繁森精神教学基地，成功创建省级铸牢中华民族共同体意识教育实践基地。累计培训来自西藏自治区阿里地区、青海省海北藏族自治州等地以及山东省内的各类干部人才 1.5 万余人，切实提升了党员干部的党性素养及综合素质。建立新提拔任职领导干部"践行孔繁森精神"专题学习制度，引导党员干部做新时代孔繁森精神的践行者。

——我们深化理论研究，深入挖掘孔繁森精神的丰富内涵、时代价值。成立孔繁森精神与红色文化研究院，组织专家团队精心编撰党性教育教材，推出原创书籍和剧目，以孔繁森精神为内核编写的书籍被列入全国首批爱国主义教育丛书。举办孔繁森精神研讨会、弘扬孔繁森精神与铸牢中华民族共同体意识研讨会，邀请国内知名专家和有关领导相聚聊城，形成了一批高质量研讨成果。

——我们推进成果转化，全力打造“繁森故里石榴红”工作品牌。聊城市以铸牢中华民族共同体意识为主线，推动新时代党的民族工作高质量发展。开设了“繁森故里石榴红”网络大讲堂，创建“红石榴”社区、主题公园等上百处，开通市县两级“民族团结号”公交车26条，先后选派四批32名干部人才对口支援青海省海北州刚察县，与重庆市彭水苗族土家族自治县开展东西部协作，营造了浓厚的民族团结氛围。

岁月掩不住精神的光芒。孔繁森精神像一团火焰，熊熊燃烧，炽热依旧。无论过去、现在还是将来，历久弥新的孔繁森精神，永远是鼓舞我们不惧艰难、砥砺奋进的强大动力，永远是激励我们求真务实、为民服务的宝贵财富。聊城将继续深化对孔繁森精神的认识和思考，在践行孔繁森精神中走好高质量发展之路。

我们将把孔繁森精神铭记于心，像孔繁森一样始终保持对党和人民的无限忠诚，自觉同以习近平同志为核心的党中央保持高度一致，坚定拥护“两个确立”，坚决做到“两个维护”，确保聊城的各项事业始终沿着正确政治方向前进。坚持以人民为中心的发展思想，用心用情用力为群众办实事，持续增进民生福祉。

我们将把孔繁森精神转化为前进动力，认真学习贯彻习近平新时代中国特色社会主义思想，全面落实党的二十大精神，锚定“走在前、开新局”，立足打造山东服务融入新发展格局的西部“战略支点”和山东绿色低碳高质量发展的“两河明珠”城市，努力拼搏、永不懈怠，加快建设富强、创新、开放、美丽、幸福、奋进的“六个新聊城”。

我们将持续擦亮“繁森故里石榴红”工作品牌，建好用好“红石榴阵地”等载体平台，深入开展民族团结进步教育，讲好民族团结进步故事，争创国家级教育实践基地，努力打造铸牢中华民族共同体意识“聊城样板”，为民族团结进步事业贡献聊城力量。

对历史最好的致敬，就是写好新的历史。如今，《我心中的孔繁森——口述孔繁森采访实录·拉萨编》付梓在即，这是聊城讲好繁森故事、弘扬孔繁森精神的一次有益尝试。作为孔繁森同志的家乡，聊城将切实担负起传承、弘扬孔繁森精神的责任和使命，持续强化对孔繁森精神的挖掘和阐释，引导广大党员干部做孔繁森精神的传承者、践行者，以“提标提速提能力，敢闯敢干敢争先”的铿锵步伐勇毅前行，努力干出聊城高质量发展的新天地。

（作者系聊城市委书记）

目录

老西藏精神的杰出代表

口述人：阴法唐，曾任西藏自治区党委书记

采访组：高杉　刘建国　李菲　赵亮亮

采访日期：2018 年 11 月 27 日

采访地点：北京

“我和孔繁森同志思想和行动上一致”

我对孔繁森同志从认识到熟悉，经历了漫长的十年时光。

1979 年他第一次进藏是去祖国西南边陲的岗巴县，当时我在济南军区工作，和他没有什么接触。1980 年，我奉党中央之命第二次进藏，任西藏自治区的主要领导。从自治区党委组织部的介绍中，我知道孔繁森同志在岗巴县任县委副书记期间表现不错。岗巴县曾隶属于我担任过分工委书记的江孜地区，是个边境县，海拔很高，非常艰苦，孔繁森在这里能干出成绩，足以说明他的优秀。但 1981 年，孔繁森就调回内地了，我没有机会对他进行更深的了解。

1988 年孔繁森第二次进藏任拉萨市副市长时，我已经调往北京工作，此时我们的交往反而多了起来。他任职期间，我多次去西藏调研、参加活动，孔繁森对我们这些在西藏战斗工作过的老同志倍加关怀，在工作上虚心求教，在生活上尽心照顾，他尊重前辈、以诚相待的品格给我留下了很好的印象。我们志同道合，把西藏建设好的理想信念、为西藏人民服务的高度责任感让我们变成了忘年交。

1991 年 5 月，孔繁森（左三）陪同阴法唐（左四）视察布达拉宫维修工程

孔繁森第二次援藏期将满时，曾和我有过交谈。他和我说，山东省委准备安排他回去工作，但西藏自治区党委想让他到阿里工作。他问我："我是回山东，还是到阿里？"我说："你要是敢

于克服困难，想给西藏办点事的话就去阿里，你要是愿意回山东，当然也可以。”当时孔繁森已经完成了两次援藏任务，家中妻儿老小也很需要他，但他权衡了自己的情况和西藏的需要，选择了服从大局，到阿里工作。

孔繁森在阿里工作不长的时间里，就取得了显著的工作成就。后来孔繁森在新疆殉职，我听说以后，非常难过。阿里地委秘书长安七一抱着孔繁森的遗像到北京来，我们一起组织了吊唁活动，以表缅怀。我和孔繁森同志的关系不仅是很好，而且是很紧密，思想能够一致，行动更不必说。我和孔繁森的家人也十分熟悉，每次见到他的夫人王庆芝、女儿孔玲，我们都是无话不说、亲似一家。

为“老西藏精神”注入新的时代内涵

我认为孔繁森是“老西藏精神”[①] 的杰出代表。1990 年，江泽民同志赴西藏视察工作，提出学习、弘扬“老西藏精神”。至今，“老西藏精神”已经成为推进雪域高原长治久安和高质量发展的强大动力。习近平同志多次强调，要大力弘扬“老西藏精神”，他指出：“广大党员、干部要发扬优良传统，不断为‘老西

---

① 2021 年 9 月 29 日，老西藏精神（孔繁森精神）被纳入中国共产党人精神谱系第一批伟大精神，其内涵为：“特别能吃苦、特别能战斗、特别能忍耐、特别能团结、特别能奉献。”

藏精神’注入新的时代内涵。”①

孔繁森同志在思想上很明显就是要长期建藏，以边疆为家，不管是在拉萨还是阿里都是如此，很明显。从收养藏族孤儿这个举动中，也可以看出他以边疆为家的情怀。工作上，孔繁森同志不怕危险、不怕困难，哪里需要哪里去。他的行动是根据党的需要、国家的需要、人民的需要来定，从不计较个人的利害得失。在遵纪守法、清正廉洁方面，他也是模范。

孔繁森能够成为这样一个典型人物，原因很多：一个是时代，一个是环境。时代塑造英雄，环境培育模范。时代、环境再加上党的教育，最后才是个人的努力，塑造了我们熟知的这位党员干部的楷模。孔繁森是不断为“老西藏精神”注入新的时代内涵的模范，孔繁森精神是老西藏精神的延续和发展！

---

① 2015年8月24日至25日，习近平总书记在中央第六次西藏工作座谈会上指出：“在高原上工作，最稀缺的是氧气，最宝贵的是精神。长期以来，一代又一代共产党员舍弃常人所拥有的、放弃常人所享受的，扎根雪域高原，矢志艰苦奋斗。广大党员、干部要发扬优良传统，不断为‘老西藏精神’注入新的时代内涵。”

全心全意为人民服务的典范

口述人：洛桑顿珠，曾任拉萨市委副书记、市长

采访组：曲印　程兴普　刘建国　赵亮亮　周会

采访日期：2016 年 9 月 5 日

采访地点：拉萨

“对西藏的老百姓，他真正做到了以人为本”

孔繁森担任拉萨市副市长时，我是山南地区行署专员。他给我来过一封信说想到山南来考察工作，我说欢迎他来山南。但是孔繁森在来山南的路上出了车祸，我就派秘书长到贡嘎县将孔繁森送回了拉萨。这一次，我和孔繁森没能见面。

我们真正相见和熟悉，是 1992 年我任拉萨市市长之后。孔繁森当时是分管文教、卫生、民政工作的副市长，我们以前虽然没有见过面，但是彼此好像很熟悉一样。

我们俩在一起大概工作了半年时间，后来他调任到阿里去当

地委书记。知道我喜欢喝酒，孔繁森从阿里来自治区开会时，总会给我带点阿里的酒和特产，到我家里来坐一坐。我们就这样成了朋友。孔繁森人很不错，是典型的山东性格。山东人跟我们当地人一样豪爽，有什么就说什么。而且山东人大都是急性子，拼命工作，自治区另外两位来自山东的书记也是这样，周末不休息，不是开会就是调研。

孔繁森是一位非常好的同志，他平易近人、善良热情，工作勤恳踏实，特别是对西藏的老百姓，真正做到了以人为本。孔繁森懂一些医疗知识，下乡时经常带着药箱，给老百姓看病发药；看到群众穿的衣服破破烂烂，他就把自己的衣服脱下来送给他们；发现群众生活困难，他就把自己腰包里的钱拿出来给他们。

阿里高寒缺氧，在阿里工作比在拉萨艰苦得多。有一次我到西藏军区总医院看病，正好碰上孔繁森的爱人王庆芝刚从内地来，因为高原反应严重住院了。我马上给孔繁森打电话，但是他因为工作忙，没能来照顾。他总是把为党工作、为人民服务放在第一位，这一点非常让人钦佩。

孔繁森同志在个人方面没什么要求，组织上叫他干什么他就干什么，交给他的任务总是尽心尽力地完成。比如1992年拉萨尼木县和墨竹工卡县的抗震救灾工作，主要就是靠孔繁森组织完成的。孔繁森无论在工作上还是生活上都是个非常好的同志。他时刻把民族团结放在第一位，坚决贯彻落实党的民族政策。在孔繁森的照片里，你能看到他经常和西藏老百姓在一起，跟群众打成一片，下乡时也常吃住在群众家里，与西藏人民结下了深厚的友谊。

“把曲尼交给我时，他眼睛湿润了”

1992 年墨竹工卡县地震后，孔繁森收养了三个孩子：12 岁的曲尼、7 岁的曲印①、5 岁的贡桑。后来他要调去阿里担任地委书记，我跟他说：“阿里比较偏远，也比较艰苦，你带三个孩子可能会更困难。我自己也有两个小孩，都留在我这里也不行，你给我留一个。”他考虑很久后说：“把曲尼留给你吧。”我说：“行。”

孔繁森同志是重感情的人，他把曲尼交给我时，眼睛都湿润了。自此曲尼便跟着我，孔繁森带着曲印、贡桑去了阿里。后来因为生活和教育问题，孔繁森把他们又送回拉萨，由拉萨市公安局的崔建勇同志照顾。

曲尼到我家的时候才 12 岁，我是看着她长大的，就像是我的孩子一样。她刚来的时候，由于之前在农村教育条件比拉萨差很多，很多课程跟不上，我就让她从小学二年级开始读。后来曲尼当了兵，从武警医院到天津医学院学护理，目前是武警医院的护士长，最近刚刚升了中校。她有两个孩子，老大是男孩，老二是

---

① 曲印：据其藏文名音译。在公开发表的媒体报道中，“曲印”和“曲英”两种译法皆有广泛应用。为便于读者阅读，本书中统一采用“曲印”译法，本篇之后的篇目不再进行特别说明。

女孩。

曲印和贡桑也发展得很好。孔繁森去世后，拉萨市妇联主席康英同志成为曲印和贡桑的监护人，有一位海南的好心人也经常在经济上给予两个孩子帮助和支持。现在他们都参加了工作，生活也很幸福。

孔繁森对人民的爱是不分民族和地区的，他用行动证明，中国共产党是全心全意为人民服务的，“老西藏精神”在他身上也体现得淋漓尽致。他虽已离开，却永远活在我们心中！

民族团结进步的典范

口述人：乔元忠，曾任日喀则地委常委、行署副专员

采访组：刘建国　李菲　赵亮亮

采访日期：2017 年 11 月 4 日

采访地点：成都

我跟孔繁森认识，是在 1988 年他第二次援藏任拉萨市副市长期间，当时我任日喀则地委常委、行署副专员。因为我们工作都很忙，最初跟他的接触一般是在会上。后来他只要到日喀则开会或路过，就到我那里去。

我对孔繁森最深刻的印象，就是他特别重视民族团结工作，无论开会讲话还是落实政策，他都切实按照“三个离不开”（即汉族离不开少数民族，少数民族离不开汉族，各少数民族之间也互相离不开）的要求，把民族团结放在首位。在岗巴、拉萨、阿里任职期间，他帮助了很多人，对藏族群众的帮助尤其大。所以，他把西藏人民当成亲人，西藏人民也把他当成亲人。

背药箱的“本布拉”

孔繁森无论下乡还是出差，都带着小药箱和听诊器。那时西藏的医疗条件非常落后，老百姓得了病别说治疗，药都买不到。孔繁森看在眼里、急在心上。他用自己微薄的工资购买碘酒、纱布、退烧药、消炎药、肠胃药等，深入乡村免费给群众看病、发药。当然，仅凭一个小药箱，他不可能治得了所有人的病，但他尽了自己最大的努力。最初，当地老百姓都以为他是一个赤脚医生，都说他医术好，“比医院的大夫都厉害”。后来随他下乡的公务员、驾驶员告诉大家：“那是我们孔市长。”

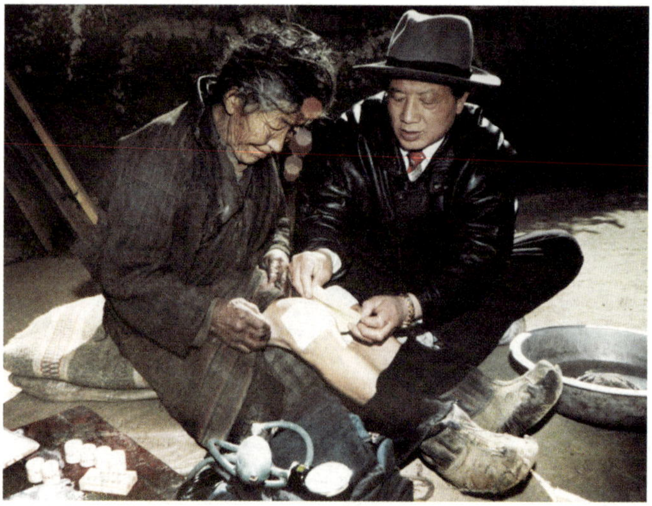

孔繁森为患有膝关节病的孤寡老人治疗

印象最深的一次，是我去阿里开会，走到日喀则南木林县的一个村子，看到一个藏族老乡抱着小孩在路边拦车。那时候不是每个村都有医生，村民想看病只能到路上拦车，看看有没有正好路过的医生。我们停了车想过去问问，当时我就想，如果老孔在就好了。这话我还没说出来，就看见一辆车开了过来，车还没停稳，老孔就下了车，朝着孩子跑过去。他拿出听诊器听了听，判断可能是大叶性肺炎，在那个年代这种病对小孩来说是比较严重的，死亡率很高。孔繁森带的药物和设备达不到治疗条件，他知道耽误不得，就帮他们拦了一辆长途客车，让他们去日喀则地区人民医院治疗，后来孩子转危为安。如果不是恰好遇到孔繁森做了准确的诊断，那个孩子恐怕凶多吉少。

艰苦朴素　严于律己

孔繁森艰苦朴素，对自己要求非常严格，他在西藏期间，从来不会利用职权为自己谋私利。在下乡工作途中，他热了就到河边洗把脸，渴了就捧点水喝，我从来没见他花钱买过矿泉水。他邀请老乡、朋友一起吃饭，也从不下馆子，而是自己掏钱买食材在家里做饭，有时买不到蔬菜，他就把家里储藏的白菜切一切、烫一烫再加点料。我们一起吃饭最多就炒两个青菜，煎个鸡蛋。

我对孔繁森非常敬佩，也向他学习了很多优秀的品质。我这几十年来没买过一瓶矿泉水，即使回到内地条件好一些了，也没有到哪个茶馆坐一坐喝杯茶。我根本没这个想法，也没这个习惯。

有一次，我们一起在自治区党委开大会，会上发了铅笔，但是孔繁森做记录时用的却是一小截快握不住的铅笔头。我以为是他们单位太困难了，后来才听说，孔书记其实是舍不得自己用，走访的时候把铅笔都送给了那些贫困学生。于是，每次他去我家讨论工作，我爱人就把我笔筒里的铅笔、圆珠笔等办公用品都送给他，但是再见面时，他用的依然是小铅笔头，送给他的笔都不见了。

从这件事中就可以看出孔繁森对学生的关心、对教育的重视。他曾对我说过："无论在哪里，无论什么民族，最重要的就是把教育事业抓上去，人才培养出来了，发展就有希望!"所以，每次下乡检查，他都要去学校走访调研，了解当地的教育工作情况，把师生的冷暖疾苦都牢牢记在心上。

关心群众　深入基层

很多人都知道孔繁森喜欢摄影，但他拍照不仅是出于爱好，更多的是为了工作。

在内地的农村，村民们都有固定的土地和房子，祖祖辈辈都在那里劳作生活，而西藏很多地方是牧区，牧民的生活是流动的，特别是夏季，哪里草好、哪里有水就去哪里，经常换地方，每家的帐篷都不一样。孔繁森每次下乡走访或给牧民看病，结束之后都要给牧民和他家的帐篷照个相，下次再来的时候，找到帐篷就找到了这个人。

他在其他工作中也是一样。比如出差时看到哪里的水利、绿化等做得好，他就拍下来，回去以后作为参考，运用到发展西藏的思路当中。

我知道他爱拍照，还曾经送过他一台小相机，是从外贸市场买来的“水货”，价格很便宜，但是他感觉很贵重，两三年后，又回赠给我一台相机。孔繁森就是这样，跟身边的同志关系再亲近，也绝不占人家一点便宜。

孔繁森在西藏，见到有困难的群众就伸出援手，绝不会不管不问。有一次，我去布达拉宫，遇到了孔繁森。广场上有很多乞讨的孩子，孔繁森看不得这种情景，赶紧把自己身上的钱掏出来给他们。看见他掏钱，附近的孩子都围了过来，他身上的钱都掏空了，也解决不了所有人的困难。这件事对他触动很大，他当时就心情沉重地说：“这样下去不是办法，要把他们安排好，从根本上帮助他们。这些孩子太可怜了！”后来有一次，在自治区召开的会议上，孔繁森着重强调了这个问题。从那之后，西藏各地（市）开始重视流浪乞讨人员的救助管理工作，专门制定措施，着力解决他们的吃、穿、住等基本问题，相关制度也逐步建立、健全、完善。孔繁森对社会困难群体的悲悯之心、怜恤之情，令我非常感动。

站在今天回望，孔繁森为西藏的建设、发展和稳定，为西藏人民的幸福生活做出了实实在在的贡献，用一系列行之有效的措施保障和改善了民生，为民族地区的广大人民群众创造了福祉。我深深地感到，他是我学习的榜样。

点滴平凡铸就不凡

口述人：武继烈，曾任拉萨市委常委、副市长

采访组：刘建国　洪亚彬　赵亮亮　郜雪梅

采访时间：2018 年 3 月 30 日

采访地点：南京

我是 1970 年进藏的第一批援藏干部，在西藏待了 30 多年。1992 年年底，我在阿里地区任地委委员、行署副专员时，西藏自治区党委把我调到拉萨任市委常委、副市长，在同一份任命文件中，孔繁森被调到阿里任地委书记。

1993 年 3 月，我到拉萨赴任，由于暂时没分配办公室，就在孔繁森原来的办公室里办公。4 月，孔繁森从内地休假回来，我们在办公室初次见面。我接任他的职务，有很多问题需要向他请教，同时，他也想了解阿里的情况，因此我们聊得非常投机。

我和他认识时间虽短，但平时交流很多，经常互相打个电话问候生活、畅谈工作。在我的印象里，孔繁森朋友非常多，方方

面面的朋友都有。他还有个特点——助人为乐，用现在的话来说，他坚持以人民为中心，深入群众，非常接地气。

中国文联原副主席丹增说过一句话：“宣传一个英雄人物、先进人物，千万不要不切实际，否则这样的宣传是失败的。”在和孔繁森的相处中，我觉得他确确实实像宣传报道中一样好，甚至更好。

1990 年 8 月，孔繁森佩戴北京第十一届亚运会火炬传递仪式副总指挥绶带，在迟浩田上将的题字前留影

孔繁森在拉萨市委大院的宿舍客厅里挂着一幅字，是迟浩田上将写的“心连心同命运共呼吸”。我跟他开玩笑说：“孔书记，您家里有两个特征：一是体现老革命传统，迟浩田上将的题字就特别符合老西藏精神，藏汉之间心连心、同命运、共呼吸；二是体现孔氏家风，您是孔家后代、孔夫子的后人。您的家里既体现革命传统文化，也体现中华优秀传统文化。”

1993 年中秋节前的一天，我在宿舍里听到有人敲门，打开门一看，是一个小战士，手里提着一盒月饼。我问他："你找我有什么事?"他说："孔书记在拉萨出差，特意让我来看看您。马上到中秋节了，他代表阿里地委向曾在阿里工作过的同志们表示慰问，并让我给您带了一盒月饼，祝您身体健康、工作顺利。"当时我很感动，按道理应该是我给他送去中秋祝福。后来我专门到他家里去向他表示了感谢。对我来说，这情谊太深了。这件事情虽然过去20多年了，但我一直记在心里。

孔繁森在拉萨收养了三个孤儿，最大的曲尼后来被拉萨市市长洛桑顿珠收养了，稍小一点的曲印和贡桑跟着孔繁森。我回阿里收拾东西时，在孔繁森的家里见过这两个孩子，当时我建议把他们送到拉萨福利院照顾，但他坚持自己养，他说："我既然做了这个事情，就一定把它做好。"

1994年11月，孔繁森为了解决阿里物资供应、运输等一系列实际困难，专门到新疆协调沟通，后准备到塔城考察边贸，在路上发生意外事故，不幸殉职。

孔繁森的事迹非常感人，可以说他是所有援藏干部的代表，大家的很多优秀品质都集于他一身。他作风非常朴实，对人非常热情，做事非常认真，虽然在他自己看来他做的每件事情都是一个援藏干部应该做的，但正是在这些平凡的事情中体现了不平凡的精神，他就是一个不平凡的人。

“他有一种白求恩式的精神”

口述人：赵文鹤，曾任西藏自治区卫生厅党组书记、副厅长

采访组：洪亚彬　刘建国　赵亮亮

采访日期：2017 年 10 月 16 日

采访地点：石家庄

为西藏医药卫生事业树立典型

我跟繁森同志是 1988 年 10 月在援藏途中认识的，他是山东援藏干部的领队，我是河北援藏干部的领队，我们同一天到达成都，在成都住了一晚，第二天又坐同一班飞机到达拉萨。我们一见如故，我感觉他非常亲切，我们的相处也很放松、很开心。

当时，我被分到自治区卫生厅任党组成员、副厅长，分管医疗、药品等工作，而繁森同志正好分管文教、卫生、民政工作，所以我们在工作中经常打交道。我在工作中有一个习惯，喜欢到基层调研。繁森同志也是个闲不住的人，经常下乡，他在拉萨外

出调研中还出过一次车祸。有一次他去我那里，眼上还蒙着一块纱布，原来他车祸受伤还没痊愈，就已经开始工作了。据我所知，他在西藏伤过两次。因为他经常往外跑，又是个急性子，遇到问题就想赶快解决，恨不得马上就把事情办好，却很少考虑到自己，总希望车能再开快一点。西藏的路况特殊，山高路险，很容易出车祸。比如去昌都的路上，就有个地方有二十四道弯，一侧是悬崖，看不到底。像这样的险路在西藏有很多。我在承德任市委书记时，过一个叫“十八盘”的险地，大家都觉得很害怕，但放在西藏，这就是个小山沟。

我们都喜欢到基层走一走看一看，了解实际情况，所以只要我到拉萨调研，繁森同志每次都陪同我一块儿去。我们每到一处，听到最多的问题就是缺医少药，但是到药库一看，药品堆得杂乱无章，全是尘土，大量的药过期了、浪费了。了解这个情况后，我和繁森同志的想法不谋而合——盘点药房。这个工作首先在拉萨市开展，大量临期的药品被盘点了出来，几乎每个县、乡、村都有，把临期药物迅速投入使用，既解决了大问题，又减少了浪费。我和繁森同志配合得非常默契，各项工作的开展也很顺利，短时间内就取得了巨大的成效。

后来，我们又着手解决医疗条件落后的问题。当时西藏的医院普遍没有规范化的治疗程序，医生水平也不高。我和繁森同志又在一起讨论，根据内地医疗工作的经验，我们向自治区党委提出建立病历，开展“整顿医疗卫生秩序　提供文明优质服务”活动的建议。这项工作仍然由拉萨市带头展开，第一是因为繁森同志很支持我的工作；第二是因为所有情况都是我们一起下乡调研了解的，很多办法是我们共同商量出来的。在繁森同志的大力推进下，这项工作在拉萨取得了很好的成效，并积累了很多经验，后来就陆续在日喀则、林芝、山南等地全面推广，获得了自治区党委、政府的一致好评。说实在话，这项工作繁森同志带了个好头，如果没有人走在前头，树立一个好的典型，是很难在全区范围内开展的。

“极其负责、满腔热忱、无比真诚”

繁森同志这个人，有一种白求恩式的精神，对工作极端负责，对事业满腔热忱，对人民无比真诚。在我们的工作配合中，无论哪个方面，他对我的想法都是认真听取，只要觉得在理，就不遗余力地去推进。因为我有七年的临床工作经验，所以每次调研医疗情况，我除了看病房、看大夫、了解相关制度，还经常自己当医生，给前来就医的人看病，而他也和我一起给病人看病。他在济南军区总医院服役期间学过一些简单的医疗护理知识，也跟着我学了一些，有时候我会教他什么病开什么药。学医很难，也很枯燥，但是繁森同志非常认真谦虚，一段时间之后，像发烧、感冒、肺炎、腹泻等这样的常见病，他都能熟练地诊断、开药了。繁森同志不是学医的，但是他看到基层医疗的落后状况非常痛心，而且只要对人民有好处的事，他都很在乎，都会放在心上，他有这样的责任心。

1993 年 8 月 19 日，孔繁森（中）与即将返回内地的赵文鹤（左）合影

每次我们在拉萨见面，他都是风尘仆仆地赶过来。我问他从哪里来，有好几次他都是去救助贫困儿童，专门去送食物和生活用品。他叹着气，遗憾又痛心地说：“可惜我的钱也不多，帮不上太大的忙。”就这简单的几句话，我听了非常感动。我觉得一个领导发现了问题，去争取政府拨款解决就已经做得非常到位了，但是繁森同志除了做这些，还拿出了自己的钱，给孩子们买东西。作为一名优秀的共产党员，他的这种行为，也体现了党和政府对人民群众的关心和爱护。

繁森同志很孝顺，他总跟我说他有个 80 多岁的老母亲，提起来就掉眼泪，非常动感情。当时丢下老母亲去援藏，心里肯定也是做了很多思想斗争的。到西藏以后，他更是把西藏的老人当成了自己家的老人，热情、真挚，负责任、肯担当，这种精神真是世间少见。他调任阿里地委书记的同时，我被提拔为自治区卫生厅党组书记。他走之前，我去看他，到现在我都记得他当时精神抖擞、踌躇满志的样子，他很想在那里干一番事业。但是阿里确实非常艰苦，偏僻、荒凉、风沙大，有时候大风都能把房顶给掀了。繁森同志非常注重调查研究，经常深入村、户实地查看，那里地广人稀，有时候开着车走几个小时都找不到一个村子，所以在那里行路都是很大的消耗。繁森同志在阿里工作不到两年，时间不长，但是他在那里受的罪、经受的考验，是常人难以想象的。他既平凡又不平凡——说他平凡，毕竟在那个年代、那样的环境下，每个人都要经受生活和高寒缺氧的考验；说不平凡呢，当时阿里地区的环境更恶劣、海拔更高、生活条件更艰苦，在那样的极端条件下，他还做出了这么突出的业绩，这些都证明着他的不平凡。

新中国成立初期，西藏人均寿命才 35. 5 岁，到我离开的时候，达到了 64 岁，这些都离不开大量像繁森同志一样重视医疗卫生工作、将西藏人民的生命健康放在首位的党员干部和医疗工作人员矢志不渝的付出和努力。

当之无愧的优秀共产党员

口述人：王连贵，曾任西藏军区政治部副主任

采访组：李菲　洪亚彬　刘建国

采访时间：2014 年 9 月 19 日

采访地点：成都

深入调研　作风扎实

和孔繁森认识是从他 1988 年第二次进藏开始的。有一天在单位闲聊的时候，同事们提到拉萨市来了个姓孔的新市长，是山东人。我爱人也是山东人，听说有老乡来西藏，我们夫妻俩感觉很亲切，就专程过去拜访。

头一次去我们扑了个空，第二次去才见到，但因为时间晚了也没聊多久。后来，有一天晚上，已是八九点钟，他到我们家里来。我问他吃过饭没，他说："还没有。"我赶紧让爱人给他准备点吃的，又问他怎么这么晚还没吃饭，他解释说："我到林周县

调研去了。”20 世纪 80 年代末的西藏可不是到哪都能吃上饭的，那个时候拉萨饭店很少，机关食堂也是过了点就没有饭了，而且因为大部分是民族干部，有家有口，在食堂就餐的人本来就不多，食堂师傅很快就收拾回家了。孔繁森这个人很自觉，下乡回来晚了就不再惊动师傅，也不想麻烦别人，一般是自己解决。

孔繁森（左一）和妻子王庆芝（左二）与王连贵（右一）、林长香（右二）夫妇合影

孔繁森的工作作风非常扎实，当时他在西藏，早上 9 点到晚上 10 点的这段时间，无论在家里还是在办公室，都很难找到他。他分管文教、民政、卫生等工作，到任之后很快就开展了调研。上班期间只要不开会，他要么在分管的单位找人谈话，要么下乡深入群众走访，了解熟悉相关工作情况。他干工作并不是拍脑袋做决策，或者照搬内地的经验，而是在深入调查研究的基础上，立足西藏实际，抓住问题关键，找到解决方法。比如在教育方

面，通过调研，他感觉当地的师资力量要加强，于是，他向市委提出，从内地引进一些刚毕业的大学生到西藏，同时，加大教学硬件投入。孔繁森说："首先，得有一个能拴心留人的环境，不然的话，教学经验多的、水平高的教师留不住。"为解决人才问题，孔繁森采取了很多措施。在他任职的几年里，拉萨市的教育事业有了长足的进步：适龄儿童入学率从45%提高到80%，入学巩固率成倍增长，教学水平有了显著提升。孩子们回来以后经常跟我们讲学校和老师的变化，这是大家真实感觉到的。

孔繁森经常下乡了解情况，实地解决问题，和群众结下了深厚的友谊

情系百姓　忠诚为民

孔繁森给我印象最深的是他的忠诚，优秀共产党员的标准和责任已融入他的血脉，成为一种下意识的行动。孔繁森对群众有

真情，他见不得老百姓生活困难。不论是下乡的时候还是走在大街上，只要看到困难群众，比如孤寡老人或流浪儿童，他马上走上前去，主动问他们需要什么帮助，还经常把身上带的钱掏出来给人家。在西藏那样艰苦的环境中，无论过去他在平均海拔 4700 米以上的岗巴，还是在拉萨，他把自己的心思都用在党交给他的工作上，都用在关心老百姓上，却忽略了自己的家庭、自己的身体。

1992 年的一个星期天，孔繁森到我们家里来，在同他握手时，我感觉他的手特别凉，再看他身上，才发现在初春的高原，他竟然连毛衣都没穿。我说："这么冷的天，你穿得太少了。你看你的手，像冰一样凉!"孔繁森说："刚才下乡的时候我的毛衣脱给一个藏族老阿爸了。没事，我身体好，将就一下就行。"我怕他感冒，连忙拿出我爱人刚给我织好的一件毛衣让他穿上，因为在西藏一旦感冒就容易得肺水肿，甚至有生命危险。我的这件毛衣，当时就送给了他，但是没过多久，他又给了别人。孔繁森就是这样，一下乡，就基本没有把自己的衣服完整地穿回来过，他的外衣、毛衣、帽子等经常被他送给西藏的贫困群众。

孔繁森长时间不在家，他总说自己亏欠家人很多。他并不是不爱家人，而是将对家人的爱都奉献给了西藏人民，对他们尽心尽力、无微不至。1993 年过春节的时候，他带着收养的两个孤儿到我们家里来。20 世纪 90 年代初，拉萨有了菜市场，我们就买了一些食材在家里做了几个菜。吃饭的时候，孔繁森唯恐两个孩子认生，怕他们吃不好，更怕他们吃不饱，就不时地给两个孩子夹菜、倒饮料，根本无暇顾及自己，最后他只草草地吃了一点儿东西。

这两个孩子平时跟孔繁森在一张床上睡，当时他们还小，偶尔会尿床，他对此一点儿怨言也没有。多数情况下，孔繁森会利用晚上到家以后的时间，动手给孩子们洗衣服、洗床单。西藏的水，一年四季都是冰的，但是他乐在其中、甘之如饴。有时需要洗被罩、褥单等大件物品，他就在星期天拿到我家用洗衣机洗。我爱人要帮他，他也摆摆手说：“你该干啥干啥，我来洗。”

从这些事情可以看出，他全身心地想着这两个孩子，对他们的感情非常深，这给我留下很深的印象。孔繁森对西藏人民的深情厚谊，让我深受感动。

以身作则　家教严格

虽然孔繁森将自己的大部分时间和精力用在了建设西藏和关心群众上，但他对自己孩子的爱，并没有因此而减少半分，但他的爱不体现在物质上的给予和生活上的照顾，而在于引导孩子形成正确的价值观。

记得有一次孔繁森的妻子王庆芝带着女儿孔玲到西藏来探亲，我和我爱人到他们那儿去玩，进屋以后就发现孔玲噘着嘴，很不高兴。我爱人就问她怎么了，孔玲哭着说：“我爸爸批评了我。”原来，白天孔玲到罗布林卡去参观，里面有些摆设，明确告知“禁止拍照”，但孔玲非常想留个纪念，同行的人对现场的工作人员说：“这是孔市长的闺女，来一次不容易。你们特殊情况特殊对待，照顾一下吧。”回来以后，孔繁森知道了这件事很不高兴，批评孔玲：“那里明明写着不准照相，你为什么非得违反规定呢？不允许的事情就应该自觉不做。还说是孔市长的女儿，市长的女儿更应该遵守规定。市长是干啥的？市长是为老百姓服务的，不是让家属搞特殊的。你这么小，绝不能有搞特殊的思想，否则将来怎么得了！”

1989 年新春前夕，在拉萨市举办的文艺会演中，孔繁森为获奖的小学生颁奖

从这件小事当中，可以看出孔繁森非常注重对孩子思想品德的塑造，他不是不爱家人，而是爱到大处，虽然由于客观原因，他和家人不常在一起生活，对孩子日常生活的照顾较少，但他更关心他们世界观、人生观、价值观的形成。

对于如何评价孔繁森，我可以说一句发自内心的话，如果我们的干部都能够像孔繁森那样，时刻以共产党员的标准严格要求自己，时刻反思自己应该保持什么样的本色，应该怎样做人、怎样做事，那么社会上有些问题就不会出现也不可能出现。我认为，孔繁森是一名当之无愧的、优秀的共产党员。

（本文部分口述内容来自王连贵的爱人林长香）

涓涓清流　滋润人间

口述人：刘伟，曾任人民日报社驻西藏记者

采访组：刘建国　赵亮亮　杜静博

采访日期：2019 年 4 月 28 日

采访地点：北京

深入群众　亲切真挚

1990 年前后，工人日报社援藏记者杨明清带我到孔繁森的宿舍去看他，我们由此相识。孔繁森生活很简朴，当时拉萨市委大部分领导干部都住三室一厅，但他的宿舍就是一室一厅，面积很小，陈设也很简单，就一张木床、一个方桌、几个有靠背的铁皮椅，朋友来了都没地方坐。他说："我自己一个人，用不着住那么大。"

孔繁森是分管文教、卫生和民政工作的副市长，我是人民日报社驻西藏记者，工作上的交往让我们的关系逐渐密切起来。有一次去他家，正赶上他刚检查完工作回来，因错过了食堂开饭的时间，他自己在泡方便面。他经常这样，把所有的精力都用在了工作上，吃饭就是随便对付一口。

孔繁森对待工作严谨细致、亲力亲为，他每天的日程都排得非常满，非常忙碌。1990 年，我和孔繁森一同参加了北京亚运会取圣火仪式，孔繁森担任副总指挥，体操运动员李宁和藏族少女达娃央宗担任火炬手。活动地点在念青唐古拉山下，海拔近 5000 米。到了之后，孔繁森就马不停蹄地和大家一起布置现场，用石头固定好红旗，把太阳能灶摆放好、调整好，让它可以聚光……不管什么活他都和大家一起干。那天，孔繁森戴着一顶黑礼帽，穿着一身普通的衣服，衣服和手上都弄得脏兮兮的。李宁看着他，悄悄跟我说："如果不说的话，估计别人都以为他是个工人，谁也想不到他是拉萨市副市长。"

1990 年，孔繁森拍摄的第十一届亚运会取圣火仪式，左为"火炬之女"达娃央宗（藏族），右为体操运动员李宁

还有一次，拉萨郊区的热振寺举办一场大型的宗教活动，孔繁森代表政府在现场主持工作。当时，临时来了几位北京的记者，没法安排住处。我找到孔繁森问他怎么解决，他回了句“好说”就低头出了帐篷。他带头，所有领导干部都自发地挤到一个帐篷里，专门腾出一顶帐篷给记者们住，还亲手在帐篷里铺上纸箱子、牛皮纸。我们都很感激他，要不是他，我们那次就得露天休息了。

有一年春节，孔繁森陪同时任西藏自治区党委书记的胡锦涛下乡慰问。无论到敬老院还是到贫困户家中，那些老人都热情地跟孔繁森打招呼，孔繁森也都能叫上他们每个人的名字。老人们用藏语给胡锦涛同志说：“孔市长经常来看我们，给我们带慰问品。”胡锦涛同志因此表扬孔繁森工作做得不错。

工作之余，孔繁森是个风趣幽默、爱好广泛的人。我们一起聚会时他经常唱歌，印象最深的就是他唱《十五的月亮》，嗓音浑厚、充满激情。有一次，我们在他家楼下的小饭馆一起吃饭，他专门回家拿了一瓶山东的孔府家酒，热情地招待我们。他去世之后，我们回想起来，才体会出他融化在歌里、浸润在酒里的对家乡、对亲人的思念。

斯人已逝　品格长存

1994 年 10 月，已任阿里地委书记的孔繁森到拉萨开会，我和杨明清去看他。他因为痔疮的老毛病又犯了，所以半躺在床上。他当时很有感触，跟我们说：“阿里位置偏远，环境恶劣，我也做好了可能发生意外的思想准备。我已经写了遗嘱，如果我遭遇不测，你们一定不要告诉我的家人。”我们着急地打断他，不想让他说不吉利的话，他摇摇头，继续说：“你们回山东的时候麻烦到我家去看看，报个平安，就说我很忙，没有时间联系家里。还有我收养的孤儿，作为我的朋友，也请你们尽点力，帮帮忙。”最后还专门叮嘱了一句：“不要告诉别人。”当时我们心情也很低落，但以为他就是触景生情，没想到，那竟是我见他的最后一面。

1994 年 11 月，我回北京，到人民日报社值班一个月，去之前跟孔繁森电话约定，回来之后去阿里采访。没想到，在北京接到了杨明清打来的电话，他说孔市长在赴新疆考察的路上，出车祸去世了。我很震惊，也非常难过。想到作为报社记者，这么多年我竟然没有认真地对这位好干部进行过报道，我怀着十分惋惜的心情，写了一篇小文章《记者的遗憾》。这篇文章发表在《人民日报》上。后来，我和杨明清还有新华社西藏分社记者李志勇共同采写了《雪域高原奉献歌——追记因公殉职阿里地委书记孔繁森》，文章发表在《人民日报》1995 年 1 月 4 日头版，算是对我的遗憾聊以慰藉。很快，中组部就组织了大规模的报道，一众记者同仁集体采写了长篇通讯《领导干部的楷模——孔繁森》，在全国范围内掀起了向孔繁森学习的高潮。

孔繁森去世时，我没能从北京赶回去参加他的追悼会。回到拉萨后，我从机场直奔烈士陵园，来不及找酒，就将一杯清水洒在他的墓前。在我心里，他的品格就像一股涓涓清流，澄澈、洁净，浇灌着西藏人民的心灵，滋润着人间的冷暖疾苦，流淌过的地方，枝繁叶茂，一路生花。

榜样的力量

口述人：王敬轩，曾任拉萨市副市长

采访组：刘建国　赵亮亮　郜雪梅

采访日期：2016 年 3 月 29 日

采访地点：西安

无畏艰苦环境　锤炼坚强党性

孔繁森到拉萨市人民政府工作时是 1988 年，当时我听说他已经是第二次援藏，很惊讶，也很高兴。

孔繁森第一次援藏是在岗巴县任职，第二次援藏之前他已经是聊城地区行署副专员。西藏相比全国其他地方来说，条件是相当艰苦的。高原缺氧，气候寒冷，新鲜蔬菜供给困难。拉萨市海拔 3600 多米，氧气含量仅为内地的 62%—65.4%。孔繁森同志对西藏的具体情况很了解，还能够勇敢地参加第二次援藏，令我非常佩服。他能够来到这里，说明他思想境界很高，对祖国、对人民很忠诚，有着坚强的党性。

孔繁森二次援藏期满后选择留在西藏，到阿里工作，也源于他坚强的党性。阿里地区的环境比拉萨更艰苦，平均海拔 4500 米以上，交通很不方便，从拉萨到阿里坐汽车需要七天。而且，阿里面积有 30 多万平方千米，几乎相当于两个山东省那么大，地广人稀，却只有不到 7 万人口。说老实话，在西藏工作好多年的同志，一听到阿里去，心里都发怵，孔繁森同志却能毅然前往，这是非常值得我们学习的。

提升干事本领　融入群众之中

孔繁森任副市长时，分管文教、卫生、民政工作，他对工作非常认真负责，能用心、用情、用力干好工作。拉萨是西藏的文化和教育中心，拉萨的文教工作关系到整个西藏文教工作的好坏。当时，拉萨市教育的发展是以市区为中心，逐步扩展到周边农村。孔繁森为了掌握一手资料，经常下乡搞调研，深入农村，看看儿童入学率达到标准没有，哪里还需要建学校。需要建学校的村子，他就积极协调相关单位推动工作。有些地方可能一共就几户人家，的确不适合建学校。针对这种情况，他便想办法送这些学生到内地的西藏班上学。内地西藏班当时在全国大约有十个点，前期需要对地区偏远、交通不便的学生情况进行摸底，再开展后续的工作。这些工作很烦琐，不是一天两天就能完成的。而且西藏学校的教学水平比内地落后，导致有些学生在内地毕业困难，不能与内地学生同步升学。这些情况都要掌握清楚，哪部分学生可以同步升入初中或高中，哪部分学生还要继续学文化课。比如西安临潼的一个中学，可以接收100名藏族学生，但要求送过来的学生和本地学生文化程度基本一致，不要差距很大，因为现实中不可能为两三个学生成立新的班级。就这一项工作，工作量就相当大了。

1990年1月12日，孔繁森（右一）到石家庄考察西藏班，在学校食堂与学生共进午餐，并听取学生的建议

孔繁森学习非常努力。对于在西藏工作的汉族干部来说，语言是一大难关。少数民族有自己的语言文字和风俗习惯，加上中央对在藏工作的同志要求也相当严格，所以孔繁森一有时间就学习研究马列主义、民族政策和国家时政热点，还经常和我们探讨西藏的发展状况，交流怎样按照民族政策去办事。他除了在专门的学习活动上积极发言，和我们一起吃饭时也经常探讨这些，为

的就是不断加深自己对民族地区工作的认识。我们学习藏族的日常生活用语，比如“吃的喝的”“家里几口人”“父母亲”“叫什么名字”“生活怎么样”，孔繁森比较聪明，他学习、适应得很快。

在生活中，孔繁森平易近人，没有架子。藏历新年和农历春节加起来一般放假十天左右。到春节的时候，单位食堂的炊事员放假回去，我们几个副市长就凑在一起和馅包饺子。有时候就剩孔繁森自己一个人，他就把值勤留守的战士都拉到家里来，他们都是些十八九岁的小孩子，他把自己的吃食全拿出来，跟他们一块儿过年。这些年轻人都说孔市长真好，都愿意和他在一起。

他过年到很多藏族同胞家里拜年，藏族同胞也很高兴，不让他走。藏族同胞很热情，家里来了客人，一定要让客人吃家里油炸的麻饼、果子，不吃不让走，哪怕吃上一个也可以，不然会觉得瞧不起他。从民族习俗来说，藏族同胞也是藏历大年初一早上起来拜年，他们会端着木盒，里面放一些糌粑、青稞、油炸饼，上面插两支染成红色和蓝色的麦穗，见着人一般让人喝三杯藏酒，表示对天地的敬重。总之，孔繁森和藏族同胞相处得非常融洽，他真正融入了西藏的文化环境中。

待人厚道诚恳　时刻团结同志

孔繁森对待同志很诚恳，对我们这些年龄稍微大点、在西藏工作时间长一点的同志非常尊重。我们的关系很好，他见了我一般不叫职务，也不叫名字，见到我就喊“王老哥你好”，我见到孔繁森也是说“孔老弟来了”，我们也喜欢在一起开开玩笑。后来因为工作调整，我 1991 年离开拉萨到自治区驻西安办事处工作，见面的机会就比较少了，只有自治区召开党代会、人代会和有关工作会议时才能聚在一起。我去西安前跟他开玩笑说：“老孔，老哥要走了，我要想西藏了怎么办？”他说：“我给你想办法。”后来他给我送来三盒藏歌磁带，他说：“这下你该满意了吧？”我说：“太好了，回到西安想西藏的话就放磁带听。”

1994 年西藏自治区召开工作会议时，我和另一位副市长去孔繁森房间叙旧，临走时他送给我们两个小礼物，说是从阿里带来的。我开玩笑说：“我们在藏工作几十年，没去过阿里，很想去看一看，你欢迎吗？”孔繁森说：“欢迎两位老哥到我那里指导工作！”我们那次聊得很开心。

谁也没有想到的是，11 月 29 日，我们接到了孔繁森去世的消息。起初我是不相信的，因为孔繁森说他马上要带工作组到陕西来，感谢陕西对阿里地区的支持（阿里是河北和陕西两省对口支援的对象），我还说要去机场接他。

我说，绝对不会的，孔繁森还要到我这里来，我们还要聊聊工作上的问题，还要叙叙旧呢，他怎么就走了呢？用了很长时间，我才接受他离世的事实。

回想那几年，孔繁森一直惦记、关心我，他经常给我带几句话或捎个小东西，到我家看到我老伴儿有病，他就从老家捎来山东特产给我们。老伴儿去世前还对我说“不要忘了孔市长的恩情”，我说不会忘的，实际上我没有告诉她，孔繁森早已去世了。

我认为孔繁森是一位政治立场非常坚定的同志，为了国家、为了党的事业、为了民族团结，甘于牺牲个人利益。他思想正派，热爱祖国和人民，能在艰苦的环境中锤炼自己，不断坚定意志。他的言行举止为后世树立了标杆。年轻的共产党员应该以他为榜样，不断提高党性修养。

友人忆繁森 · 片段九则

第一则　出差拒住奢华宾馆

口述人：丁友明，曾任西藏军区第二通信总站政治处主任

采访组：洪亚彬　刘建国　郜雪梅

采访日期：2018 年 11 月 29 日

采访地点：孔繁森同志纪念馆

孔繁森第二次进藏时，通过他人介绍，我认识了这位善良、热情的山东老乡。转业后，我被分配到山东省财政厅工作。有一次孔繁森因公来济南出差，当时组织为他安排了南郊宾馆的房间，条件很好，而且可以报销，但是孔繁森坚决不住，他说："我不需要那么好的条件，还是给组织省点钱吧。"我知道后，安排他住在财政厅招待所，并跟负责接待的同事说好了住宿和一日三餐都不收费，但直到孔繁森退房之后，我们才知道，他仍然坚

持把所有的费用交到了前台。

第二则 关心体谅基层干部

口述人：代树青，曾任拉萨市当雄县委副书记兼政法委书记

采访组：刘建国 李菲 赵亮亮

采访日期：2017 年 11 月 7 日

采访地点：成都

1988 年，孔繁森第二次援藏，任拉萨市副市长。我当时在当雄县工作。1990 年，县委书记让我陪同孔繁森、李宁和达娃央宗一行人，在念青唐古拉山下的宁中乡点燃北京亚运会火种。我们到达宁中乡时，天阴沉沉的，比较冷，聚光镜达不到燃点，我们就等了两个多小时，待太阳一出来，就抓紧用聚光镜点着了火种。我问孔繁森：“孔市长，要不要再回县上吃个饭?”孔繁森说：“不用了，你也早点回去休息吧，也待了半天了。”我和孔繁森就是在这样的场合认识的。

后来我到市里开会，遇到孔繁森，他提醒我要保重身体，他说：“在基层工作的同志很辛苦。”他还说，如果有什么需要帮忙的，可以随时来拉萨找他。虽然我们见面不多，但他留给我的印象很好，我对他非常尊重，也非常崇敬。

第三则　关爱警卫战士

口述人：王锁成，曾任拉萨市人民政府副秘书长

采访组：洪亚彬　刘建国　赵亮亮　郜雪梅

采访时间：2016 年 3 月 8 日

采访地点：濮阳

我和孔繁森副市长在一起工作近三年时间，“一个楼办公、一个灶吃饭”，时间虽然不长，但是回想起他的一些事迹，至今仍历历在目，事事在心。

孔繁森与王锁成合影

孔繁森同志严于律己，体现在一点一滴的小事上。我记得，早上经常能够看到他在办公室、会议室、走廊上拖地的身影。孔

繁森的思想境界之高，值得我们每个人学习。

孔繁森同志和蔼可亲、平易近人，也非常乐于助人。他身为一名领导干部，从来不摆架子，还经常对下属嘘寒问暖。当时市委、市政府警卫班有一个姓李的小战士，父母得了重病，孔市长得知之后，自掏腰包给小战士寄去了一笔钱，帮助小李解决困难。孔繁森就是这样的人，他对下属很关心，不仅对小李这样，对所有的下属都是如此。

第四则　救助受伤的聊城老乡

口述人：任贵良，曾任拉萨市人民政府副秘书长

采访组：刘建国　洪亚彬　赵亮亮

采访日期：2017 年 10 月 18 日

地点：石家庄

有一个 40 多岁的聊城老乡，因为家里困难，跟着同乡在拉萨打工挣钱补贴家用。有一次，他意外受伤，因为没钱，只对伤口进行了简单处理，后来伤口感染流脓了，最终发生肠粘连，疼得腰都直不起来了。他本来家里就困难，这一治病，更是连回家的路费都没有了。走投无路之际，听人说拉萨市副市长孔繁森也是聊城人，就到市政府来找他。孔繁森得知以后说："即使不是老乡，这事我也一定要管，绝不能见死不救！"他让我帮忙联系了

公安医院的院长，为这位老乡做了手术。这位老乡一生感念他的恩情。

第五则　去敬老院给老人送大饼

口述人：李文华，曾任拉萨市人民政府秘书

采访日期：2019 年 3 月 1 日

采访组：刘建国　赵亮亮　郜雪梅

采访地点：成都

一个星期天的早上，孔市长要带我下乡。上午八九点，我来到孔市长家，他家里已经聚齐了几位记者，都是年轻人。孔市长煮了一锅芝麻糊，让我们一起吃饭。等我们都吃完了，他才随便吃了两口，就出发了。

出了市政府大门后，孔市长让我去找了个饭馆。他在饭馆里买了二三十个回族同志烙的大饼。我原以为这是给我们下乡的时候吃的。等我们到了林周县驻地，孔书记就直接去敬老院看望孤寡老人了，他随身背着药箱，一边和他们聊天，一边给他们看病。到了饭点，孔市长让我把大饼拿过来，都给了孤寡老人。他很实在，通过生活中的点点滴滴给老百姓送去温暖。

第六则　他喜欢席地而坐

口述人：车刚，曾任西藏自治区旅游局摄影师

采访组：刘建国　李菲　赵亮亮

采访日期：2018 年 11 月 21 日

采访地点：北京

老孔很忙，因为他人太好。他不光帮山东人的忙，谁的忙都帮。只要他下班回家，家里亮着灯，就有人过来敲门，连开商店、开餐馆的小商贩遇到困难也来找他，他总是很热情地帮人家解决问题。有时候他到我的住处来，由于太累了，就睡上一个小时，喝点茶水再走。他和年轻人处得特别融洽，年轻人愿意跟他说心里话。

孔繁森（左三）与摄影师车刚（左一）等人的合影

老孔实实在在就是人民群众中的一员，他和西藏群众彻底打成一片。他喜欢席地而坐，不管在哪里，只要群众坐他就坐，从不说要找沙发、椅子或者垫个垫子。车陷在雪地里他就跟大家一起推车、挖雪，老百姓吃糌粑、骑马，他就跟着吃糌粑、骑马。在高原骑马是很累的，但是他不计较，他是真正有奉献精神的。

第七则　在最艰苦的地方开展调研

口述人：益西加措，曾任西藏日报社记者

采访组：刘建国　李菲　洪亚彬　赵亮亮　郜雪梅

采访日期：2016 年 6 月 21 日

采访地点：孔繁森同志纪念馆

1994 年 9 月底，我从拉萨出发去阿里采访，与孔书记同路而行，途经措勤、改则、革吉几个县，对牧民的生产生活问题进行了考察调研。

途中，我跟随他到武警措勤县中队和战士们一起过中秋节，安排困难群众生活，给牧民看病，在改则县看望即将结婚的小学教师，在川菜馆里一起包饺子……

一路上，我见证了他认真严谨的工作作风和对人民群众的赤诚大爱。

1994 年 9 月，孔繁森（右二）与阿里地委秘书长安七一（左二）、西藏日报社记者益西加措（中）等从拉萨返回阿里途中，在改则县留影。右一为援藏干部、改则县副县长周美亭

到达阿里地区所在地以后，我写了一篇通讯《拳拳公仆心》，孔书记审完稿子说："写得不错，但是不要只写我的事，可以多采访一些在阿里工作几十年的藏族干部和进藏干部，进行多角度的宣传报道。"孔书记做的事情都是真心真意、自然流露的，他的善良、热心肠，和他骨子里向仁向善的文化基因是分不开的。我觉得孔书记是一个怀着善心的好人，一个优秀的共产党员，是领导干部的楷模。

第八则　督促退伍军人学习

口述人：刘运亮，曾任空军拉萨指挥所上士

采访组：刘建国　洪亚彬　赵亮亮　郜雪梅

采访日期：2018 年 9 月 18 日

采访地点：曲阜

我刚退伍时，工作没落实，一直住孔繁森在拉萨的家中。他经常督促我学习，鼓励我参加各种考试，追求进步，还给我讲很多道理。他是我的恩人，也是我的人生导师。在我眼里，他非常平易近人。遇到有困难的人，只要是能帮的，他都会帮。在西藏，我们远离家乡，遇到这样好的山东老乡，感觉特别亲切。我一辈子都忘不掉这么一个恩人。

第九则　待农民工亲如家人　照顾孤儿细致入微

口述人：秦芳，曾任西藏酒店经理

采访组：刘建国　洪亚彬　李菲　郜雪梅

采访时间：2015 年 5 月 29 日

采访地点：青岛

孔繁森收养的两个孩子管他叫爷爷，他们有点儿“隔代亲”

的感觉。他对待孩子们，无论是学习还是生活，都非常耐心细致。比如说吃饭，他知道这两个孩子哪个喜欢吃什么，做饭时精心照顾他们的口味，还把他们喜欢吃的东西拨到他们的碗里。天刚一冷，他就跑到八廓街给这两个孩子买帽子、衣服。他不是作秀，是很自然的真情流露。他一个男同志，有时候怕买的东西不好，还拿过来叫我们这些女同志再鉴定一下，看给孩子们穿上合适不合适。两个孩子对他也挺依恋的，总喜欢揪着他的衣服。

他很随和，和谁都能交往。拉萨民工多，很多民工也喜欢到他家去玩，有时候在他家吃饭。民工们生活条件比较差，他就给他们做饭、带饭，或者让他们自己做，家里的食材和调料随便用。那些民工在他家就跟在自己家一样，没觉得他是个市长，就觉得他是一位大哥。在我们眼里，他像普通人一样，没有一点儿架子。他从山东休假回来的时候，还会给我们带海米之类的特产，特别亲切。

刻在骨子里的“繁森”烙印

口述人：崔建勇，曾任孔繁森在拉萨工作期间的通信员、警卫员

采访组：刘建国　洪亚彬　李菲　郜雪梅

采访日期：2016 年 1 月 27 日

采访地点：孔繁森同志纪念馆

在我的心里，孔书记就像亲人一样。20 多年来，每年清明节，我都要去拉萨烈士陵园看望他。他的墓前，总是摆满了爱戴他的人们敬献的花圈。纯洁的花朵、肃穆的挽联，诉说着人们对他无尽的哀思和深切的怀念。每一次和他隔空对话，往日相处的点点滴滴又浮现在我的眼前。敬爱的孔繁森书记，你仿佛从未离开。

如父如兄　人生向导

1989 年 3 月，我参军后，来到西藏。1991 年，孔书记把我选

到他身边担任通信员、警卫员。从他身上，我学会了很多东西，一直到现在都非常受益。

在他的帮助之下，我的文化水平得到了系统提升。孔书记很关心国家大事，由于工作繁忙，他要求我每天看了新闻联播记下来，等到晚上再读给他听。为此，我抄写了满满十几个记事本的新闻内容。当时，我年纪小，文化素质也不高，不理解这样做的意义是什么。后来我回到公安系统工作，发现自己做笔录速度非常快，才认识到我在无形中已经掌握了快速记录的能力，也明白了孔书记栽培我的良苦用心。后来，我逐步走上领导岗位，更是感到，当年抄写新闻带来的思考与沉淀，让我对党的大政方针有了更深刻的理解。此外，孔书记还教我：一是要经常给亲朋好友写信；二是坚持每天写日记；三是养成爱读书的习惯；四是要经常总结工作经验。他打了一个形象的比方："经验好像一盘散沙，理论好似一个盆子，用理论把经验总结出来，使之条理化，就像用盆子把散沙装起来，既好拿又好用。"遵照孔书记的教导，我坚持锻炼写作能力、培养思维的逻辑性和条理性。至今，我手写的日记和工作笔记已有一百多本，书信二百多封，并攻读了在职研究生。

在他的言传身教中，我锻炼了生活技能，积累了生活智慧。最开始，我连饭都不会做，他手把手教我烹饪，比如熬稀饭、做面条。有一次我俩在家，我见他忙于看材料，就想用他教我的厨艺"露一手"。孔书记说："咱两个人吃饭，不用太复杂，做点米饭，炒个土豆丝，炒个青椒，实在不行，青椒土豆丝也可以。”我不太会用高压锅，手忙脚乱地把米饭压上，这边又赶紧去炒菜，米饭就煳了，菜也烧焦了。吃饭的时候我问他怎么样，他说：“这个味道还可以，挺香。”我说：“哈哈，是烧煳的香味吧？”换作在农村，孩子把饭做煳了、菜烧焦了，大人可能揍一顿，因为新鲜蔬菜本来就少，但他却说：“这没什么，从目前来讲，你敢于想，敢于创新，青椒土豆丝就是一个创新。你从不会做饭到现在自己开始下厨做饭，而且今天还能炒几个菜，这就是进步了，只要你坚持下去，就一定会越来越好的。”他说话风趣、幽默、有智慧，这种教育方式让身边人很容易接受，我很佩服他。孔书记有一台爱不释手的相机，他还手把手教我照相：怎么抓拍，选什么方位，用什么光……后来我把照片拿去投稿，还拿了奖。只要他自己会的，他就想把我们都教会。

在他的以身示范下，我学会很多待人接物的方式方法。那时候信访可以直接找领导，拉萨群众热情度相当高，经常到孔书记家里来，家里的热水和茶叶都不够招待的。孔书记要求“事不过夜”，他每天最多休息四五个小时，我很少看到他凌晨三点前睡觉。这样的工作节奏我们开始根本受不了，但后来越来越被孔书记的热情所感染。有一天，来了一个叫黎穆萨的生意人，一进门就扑通一下跪下了。原来他从甘肃来拉萨卖棉布，买家拿了货却迟迟不付款。黎穆萨不但没挣到钱，还欠了一大笔债。孔书记赶紧把他扶起来，详细询问事情原因，听完他的讲述，马上安排办案人员立案侦查。不久后，案子得到了侦破，欠款也追回来了，黎穆萨因此把孔书记视作他一生的恩人。

遇到这么好的领导是我们的幸福，他教我的东西是书本上学不来的，他有很多精神是学不完、用不完的。

爱民如子　扶危济贫

他分管文教、卫生和民政工作，一有空就带着我们去敬老院考察，把药箱一背即刻出发。他经常“突然袭击”，坚持深入基层、深入群众，用现在的话说就是“四不两直”的工作方法，即不发通知、不打招呼、不听汇报、不用陪同接待，直奔基层、直插现场。他把人民群众的冷暖安危时刻挂在心上，为了他们可以奉献自己的一切。

1992 年，我们在下乡途中遇到紧急情况，有位老人因为浓痰堵住喉咙，非常痛苦，眼看就要窒息，在场的人都惊慌失措。孔书记看到以后马上打开药箱，拿出听诊器悉心为老人听诊，经询问，确定老人窒息的原因是异物卡喉。他拍老人的后背，痰怎么也拍出不来，眼看老人危在旦夕，他立刻取下听诊器软管，插在老人喉咙里，一口一口吸出带着血丝的浓痰，老人当即转危为安。在场的人纷纷鼓掌，给他竖起大拇指，说他像活菩萨一样。回来后，我问他：“你不怕被传染吗？”孔书记说：“那时候还能考虑这么多吗？我学过医学，虽然没那么精通，但是我懂这个，就是一口痰的问题，一口痰能把人卡死，一口痰也能救一条命。”那个被他救下的老人，后来又生活了十多年。

孔繁森到敬老院看望老人们

还有一次，我陪他下乡考察。他发现敬老院里的老人生活条件比较差，没有保暖的衣服，非常心疼，就把自己的棉衣、毛衣都脱下来送给这些老人了。当时我很不理解，后来我问他：“你把自己的衣服都送人了，你穿啥?”他说：“看到这些老人就想起自己家的老人了，心里头很不是滋味；看到老人受冻，就考虑到自己的老人在家是不是也会这样，所以把棉衣、毛衣都脱给他们。”他的这些话，让我非常感动。

抚育孤儿　视若亲人

1992 年夏天，拉萨市墨竹工卡县发生地震，孔书记到灾区慰问时，在倒塌的房屋前，发现两个孩子曲印、贡桑，他们衣衫褴褛，身上脏兮兮的。得知他们的父母早已去世，无依无靠，而政府救济条件又极为有限的情况后，孔书记潸然泪下，决定把他们带到拉萨由自己来抚养。在曲印、贡桑震后安置的学校，他还收养了同为孤儿的曲尼。我问他："这能行吗？你工作这么忙，再照顾三个孩子，肯定不现实。"他说："这有什么，多这三个孩子不就多几双筷子吗？"

回到拉萨，孔书记带着他们买衣服，安排他们上学，尽力给他们最好的照顾。曲尼当时有十多岁，曲印七八岁，贡桑五六岁。曲尼生活能力尚可，曲印和贡桑还不太会照顾自己。我们先给两个小孩子洗澡、洗衣服，洗了一遍又一遍，然后换上新衣服。后来我问他："你图啥呀？"他说："想家。我也有三个孩子，两个女儿一个儿子。刚好那也是两个女儿一个儿子，看见他们我心里就踏实。"他把西藏的老人当成自己的老人，把西藏的孩子当成自己的孩子，受到他的精神鼓舞，我也愿意和他同心协力把孩子们照顾好。

孔书记节俭至极，自己连一床毛毯都没有，衣服都是补丁摞补丁。然而，为了照顾好孩子们，他从自己的生活费里挤出钱来给他们买新衣服、新书。只要周末有时间，他就带着孩子们去逛拉萨的文化宫、八廓街等风景名胜。

在教育方面，孔书记对孩子们要求很严格，几乎是半军事化管理，要求他们每天洗脚、定点休息。生活方面，孔书记对孩子们很疼爱，给他们洗衣服、剪指甲。孩子们小时候会尿床，孔书记就把孩子的内衣换洗好，把撤下来的湿褥子用火烤干。每次我把孩子们换下来的脏衣服拿过去洗时，他都坚持自己洗，我拿过来，他又拿回去，还是他一个人去洗。他对我说：“你还年轻，要多看书学习，你将来的日子还长着呢，要做一个有知识、有文化、对社会有用的人。”每次看到他洗完孩子的衣服，拖着疲惫的身体回到房间时，我都既心疼又感动。就这样，我们组成了一个五口人的快乐小家庭。

1993 年，孔书记到阿里任地委书记、军分区党委第一书记。拉萨市市长洛桑顿珠看他实在太辛苦，便主动收养了曲尼。孔书记坚持不让曲印、贡桑两兄妹分开，就把他们带去了阿里。由于两个孩子太小，不适应阿里的气候和环境，经常生病，学习成绩也直线下降。一年后，孔书记只好把两个孩子送回拉萨，委托我来照顾。他从不因为自己的困难向组织提要求，却为了照顾两个孩子，第一次向组织开口，希望把我从林周县公安局调到拉萨。1994 年 6 月，孔书记赴京参加中央第三次西藏工作座谈会，在拉萨集合时，他把两个孩子带回拉萨，托付给了我。当时我也是一个未婚的大男孩，孔书记很不放心，经常打来电话，教我如何教育孩子，他要定期了解孩子们的饮食、生活和学习情况。

他到新疆考察的时候，还给我打来了电话。我说：“你放心，孩子们现在很懂事，会洗袜子、洗碗、扫地、擦桌子。曲印考了 94 分，贡桑考了 78 分，都进步了。”他很高兴，说：“孩子就是要干点家务，把学习搞上去。我在新疆再忙一段时间，等12月初就回来。”这是我和孔书记通的最后一次电话。跟他在一起工作生活，前前后后时间说长不长说短不短，但对我来说是一生中最大的幸运。

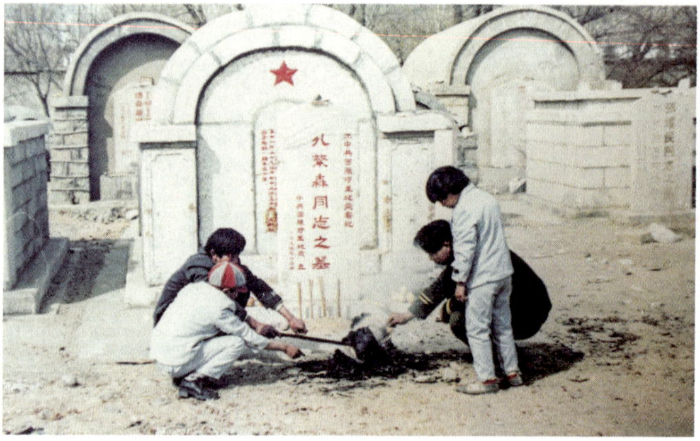

1995年清明节，崔建勇（右二）带着曲印、贡桑到拉萨烈士陵园孔繁森墓前祭奠

他去世的时候，我在市委看到西藏自治区阿里地区行政公署驻乌鲁木齐办事处发来的传真，头一蒙，眼前一片空白，几近晕倒。我一着急，一巴掌拍在桌子上，桌子上的玻璃都裂了。两个孩子听到声响跑过来，不知道发生了什么情况，都愣在那里。我喃喃地说：“爷爷没了，在新疆出事了。”两个孩子也傻了，看着我，都哭了起来。

当时我就想，不行，我要到新疆去看看，不专门去一趟我是不会相信的。于是我马上联系车赶往机场，买了机票就坐上了去乌鲁木齐的飞机。到了新疆，王乐泉书记和当地的领导们接待了我，我情绪非常激动，想找司机理论到底怎么回事。但司机在公安部门接受询问，我没见到。我自己搭车到出事的地点，了解当时的路况和行车状况。他确实不在了，我内心的悲痛无以言表。

不知道怎么回事，我总感觉他还在，还幻想着他没有死，总感觉他哪天就回来了。一次在路上，一辆丰田车从我身边驰过，车上坐着一个人，戴着礼帽、身材高大，恍惚之间我仿佛又看到了孔书记。我骑着摩托车，跟在车后面追了五六千米，终于看到了那个人的脸。当然，不可能是他。我呆呆地站在原地，尾气和尘土在眼前弥漫，心仿佛被掏空了一样。理智告诉我，他确实不在了；可是从情感上，我用了十几年才接受这个事实。

后来曲印和贡桑学习都很努力，长大后很有出息，也有了美满的家庭。我们始终保持着密切的联系，也曾一起去聊城看望庆芝阿姨。无论时间过去多久，无论是否天各一方，那份亲切真挚的感情始终延续。我想如果孔书记还活着，也会非常欣慰。这么多年，孔书记的精神一直激励着我们，不管在哪个单位，无论干什么工作，我们都想办法创先争优。这是他留在我们骨子里的烙印，永远都不会变。

永葆坚强党性　一身浩然正气

口述人：苏东亮，曾任西藏自治区政府办公厅秘书(副县级)

采访组：洪亚彬　刘建国　李菲　郜雪梅

采访日期：2015 年 9 月 23 日

采访地点：济南

我是 1993 年 11 月进藏的，当时山东省委组织部委托我们给孔繁森带去一些山东产的鱼片、海米等小食品。我到西藏之后很快就找到孔繁森，并把东西交给他。所以，孔繁森是我到拉萨之后认识的第一个山东老乡。

“组织第一，工作第一”

孔繁森给我印象最深的是他的坚强党性，跟他聊一会儿就能感觉到这个人一身浩然正气，党性特别强，觉悟特别高。1993 年夏天，孔繁森在阿里期间，他的妻子带着放暑假的女儿去看他，刚到拉萨，他的妻子就因为高原反应厉害病倒了，并伴有胃出血。当时多次联系孔繁森，他每次都说马上回去，但因为放不下工作，十几天之后才来到妻子身边。他说："组织第一，工作第一。"对此，他曾对我讲过，说他的妻子和孩子一度不理解。

他的坚强党性已经深深地融入血脉里，因此，舍"小家"、顾"大家"就成为一种必然而坚定的选择。1992 年年底第二次援藏期满，他又服从组织安排去了阿里。我在拉萨，平均海拔 3600 多米，走路快了点都喘，而孔繁森要去的阿里平均海拔 4500 多米。研究表明，海拔每升高 1000 米，空气中的氧气含量就减少 10%。记得有一次我去贡嘎机场接内地来的考察人员，由于缺氧、气压低，半路上车一颠，考察人员的手表表壳与手表分离，弹起来有十几厘米高，密封袋装食品的袋子都胀得鼓鼓的。阿里的氧气含量相当于内地的一半，最低气温零下 40 多摄氏度，素有"西藏的西藏"之称，孔繁森在阿里的工作环境比拉萨更为艰苦。

当时，他已经出色地完成了两次援藏任务。多年的西藏生活，使在藏干部对那里自然环境的恶劣和生活条件的艰苦深有体会。有人劝他："你是山东干部，已经在西藏吃了这么多苦，家里还有老人孩子，可以回去了。"他却说："我是山东干部，更是党的干部，必须服从组织安排。"

“活着干，死了算”

我印象中的孔繁森多才多艺、爱好广泛。工作之余，他喜欢唱歌、跳舞、摄影、写诗。他长期在西藏的艰苦地区工作，却如此积极向上、乐观豁达。当年阿里追悼仪式现场的那副挽联对他的描述特别到位：“一尘不染，两袖清风，视名利安危淡似狮泉河水；二离桑梓，独恋雪域，置民族事业重如冈底斯山。”孔繁森就是这样，对个人安危从不放在心上。

1993 年 12 月 13 日，孔繁森（左一）参加西藏自治区党委四届五次扩大会议，听取丹增书记传达党的十四届三中全会精神

关于孔繁森，有两件事让我印象特别深刻。一是 1994 年 2 月，阿里发生了特大暴风雪，孔繁森带领工作人员组织救灾。一天夜里，由于长时间的超负荷工作和高原反应，他感觉非常难

受。懂医学知识的孔繁森预感到了死神的逼近，于是他给公务员小梁写下一封遗书。他说，人有旦夕祸福，万一发生不幸，一定不要告诉他的家人，并委托小梁定期给他家里写封平安信，他死在哪里就把他埋在哪里。

二是 1994 年 7 月，中央召开第三次西藏工作座谈会。9 月 1 日，西藏自治区党委召开了四届六次全委（扩大）会议，他在会上发言时说："一定要把中央对西藏的关怀转达给群众，把上级的好政策、好资源切实送到西藏人民的心坎上，活着干，死了算！"当时主持会议的西藏自治区党委书记陈奎元打断了他，说："老孔啊，不能这么讲，阿里地区高寒缺氧，自然条件非常艰苦，不是谁都能去的。要保重身体，该查体查体，该休假休假。"没想到，这次会议结束才三个多月，我们就接到了孔繁森殉职的消息。听到噩耗的那一晚，我整夜没睡着觉，实在是太突然、太让人难以接受了。

"献血的事，他让保密"

孔繁森心地善良，无论是对身边的同志还是对老百姓，都像一团火一样热情，那种感情是出自真心的。

1992 年拉萨市墨竹工卡县等地发生了严重的地震，孔繁森救灾时，领养了三个藏族孤儿：12 岁的曲尼、7 岁的曲印、5 岁的贡桑。后来，拉萨市市长洛桑顿珠看他一个人照顾三个孩子实在太辛苦，就主动领养了年龄最大的曲尼。孔繁森去世之后，西藏军区总医院的一位护士告诉我，为了抚养收养的藏族孤儿，本就拮据的孔繁森来到医院，化名“洛珠”献了三次血，用换来的营养费给他们买食品、衣服，交学费。这件事，当时我们都不知道。这位护士是我们的山东老乡，她说“孔书记让保密”，是孔繁森去世后她才讲出来的。

孔繁森自己家里已有三个孩子，还有生活不能自理的老母亲和体弱多病的妻子，生活上的负担已经很重了。就是在这样的情况下，他还竭尽全力，甚至献血去抚养三个孤儿，没有“大爱无疆”的崇高精神是做不到的。

在西藏工作的山东同志，把孔繁森住的地方当成一个聚会点，就算没什么事，大家周末也都去他家里，互相谈谈心、聊聊天。如果带着同志们出差，孔繁森总是把大家照顾得无微不至。他不仅对同志们体贴入微，对西藏人民也亲如一家。当地群众对他的评价非常高。他不愧是领导干部的楷模。他热爱人民的公仆情怀，永远值得我们学习！

远大理想 伟大人格 崇高美德

口述人：李军宪，曾任成都军区装备部部长

采访组：洪亚彬 刘建国 李菲

采访日期：2014 年 9 月 24 日

采访地点：成都

我是 1989 年 3 月和孔繁森同志认识的，当时我是成都军区 149 师后勤部部长，他是拉萨市副市长，负责对接部队的工作。我们部队到拉萨以后的住房、生活、水电这些基本保障，主要靠他协助落实，所以我们接触比较多。在拉萨执行任务的 500 多天里，我感到孔繁森同志是一个对党的事业无比忠诚、对工作高度负责的人。他非常重视西藏稳定和民族团结，对部队很有感情，对同事和下属也都很关心。我尊敬他、崇拜他，只要想起有这样一位好兄长、好朋友，我就感到非常自豪。

如今，20 多年过去了，但很多事情仿佛就在眼前。孔市长为什么能成为党员领导干部学习的楷模？我认为这源于他有着远大的理想、伟大的人格、崇高的美德。

1989 年 7 月 26 日，孔繁森（右）代表拉萨市委、市政府到李军宪（左）所在部队驻地慰问官兵

为官兵解决实际困难

我们部队到拉萨后，孔市长很热情，对我们的工作也非常支持，我们提出的困难，只要他能办到的就尽最大的努力去解决。

我们一到拉萨，就和当地有关部门协调落实住房问题，但由于种种原因，谈了两次都没解决好。孔市长就不厌其烦地亲自去沟通协调，最后总算把部队安置下来了。除此之外，他还帮我们解决了吃水、供电、照明等问题。最初我们从河里挑水吃，后来，他想办法解决部队电源，把自来水管接到部队驻地，他还亲自带着连队的同志去买水管、席子、牛毛毡，并联系民工给我们搭建伙房。

我们执行任务时，住宿条件很差，经常需要在山坡上或荒地上搭帐篷。拉萨海拔高，天气比较寒冷，3 月了，地面还结着冰，风沙也很大。孔市长几次到连队去慰问战士，帮我们解决了很多困难，并协调当地政府给了我们很多支持。

从这些事情可以看出，孔繁森同志对工作非常负责任，很注重抓细节。他亲自跑到一线，一项一项地抓落实。就拿对我们部队来说，他得亲眼看到战士们住进房子去了，电接通了，水接上了，才真正放心。在拉萨一年多的时间里，这样的事他做得很多，对我们部队来说是强有力的支持。

孔繁森同志不仅重视部队建设，也很关心战士们的生活。有一次，武警拉萨市支队某中队的一个战士，因和中队干部发生矛盾而受到处分，回到家乡乐山之后无法安置。孔市长知道后，利用休假的时间先后两次去乐山，找到当地民政局、街道和市、区有关部门，反复强调这个战士本质是好的，只是犯了小错误，如果因此而影响了他的安置，那么会影响他的家庭乃至他的一生，从而给社会带来不稳定的因素。同时，孔市长还专程到战士的家里去看望他，发现他情绪消极、思想抵触，就一直给他做思想工作，稳定他的情绪，劝他要相信组织。后来看到战士家里比较困难，还给了他 200 元钱。当时，我已经结束在拉萨的任务，回到乐山驻地，任 149 师副师长。孔市长来的时候，我去机场接他，也多次陪他去有关部门做工作。他从乐山回拉萨的时候，反复叮嘱我关心这个战士的工作和生活，我切实感受到了他对这件事的尽心尽力。

类似的事情他还做过很多，他关心别人胜于关心自己，别人遇到什么困难，他一定尽最大的努力帮忙解决，而且他是用心、用情去做。

为同志提供坚实后盾

孔市长对同志非常热心，作为带队领导，他对山东的援藏干部更是关怀备至，为他们在藏期间安心工作、搞好汉藏民族团结提供了坚实的后盾。

在拉萨的山东援藏干部不少，这些同志与孔市长的关系都很密切。当时孔市长的宿舍面积不大，一室一厅，有厨房。凡是援藏干部到拉萨办事或者途经拉萨，他的住处就是“接待站”，我也经常去。有时三四个人挤在一张床上睡，有时客人在客厅里打地铺。他厨房里的米、面、罐头什么的，谁来谁就用。

拉萨自然条件很艰苦，高寒缺氧，每年十月份到第二年五六月份这大半年时间基本就是狂风呼啸、冰雪封山。当时，拉萨交通、通信都不发达，铁路还没有修通，出行都是坐汽车，来回要很多天，打电话都是通过总机转接，和外界联系很困难。所以很多援藏干部感到内心非常寂寞，如果家里再有些事情，工作就更难以安心。孔市长多次和同志们推心置腹地促膝长谈，减轻他们的精神压力，调动他们的工作积极性。

1990 年 8 月，孔繁森（右一）参加军分区召开的各武装部生产、生活工作会议

在拉萨工作的援藏干部，因为离家太远，很多人都无法回家乡过年。1990 年春节，我和孔市长在一起，亲眼见证了他对援藏干部们的关怀。其实那一年，孔市长原本是打算回家的，因为他的老母亲和孩子都需要照顾，妻子王庆芝身体又不好，领导们也都让他回去。但考虑到拉萨有很多援藏干部留守，他作为带队领导又是老大哥，理应成为同志们的主心骨，于是他放弃了回家的机会，把留在拉萨过年的将近 100 位援藏干部组织起来，大家一起看电视、唱歌、跳舞、讲故事，热闹了一夜，所有人都很开心。可以说，他以一己之力，凝聚了所有援藏干部的心。

非同一般的境界

我经常忆起与孔市长相处的点点滴滴：他对别人的热情、认真负责的工作态度、对自己的严格要求……特别是他舍己利人的忘我精神，给我留下了非常深刻的印象。

他对自己要求很严格，虽然生活非常清贫，但对需要帮助的人很慷慨。当时拉萨生活条件很艰苦，因为没有高压锅，面条都煮不熟，有时候就简单吃点压缩饼干。他顾不上改善生活，却用自己的钱去帮助藏族老人和藏族孩子。

其实，孔繁森在西藏期间是很挂念家人的。他经常跟我说起他母亲，每次都很动情。他说，母亲岁数大了，不知道现在身体怎么样，家属体弱多病，但她不仅要照顾老人孩子，还要负责一家人的生计。孔市长的工资，大部分用在了帮助困难群众上。朋友寄给他的土特产，他也都拿去送给孤寡老人和战士们。在这件事情上，他的家人给了他很大的理解和支持，不仅没有责怪他，反而经常寄钱给他。

1992 年年底，孔繁森同志被任命为阿里地委书记，因为阿里条件更加艰苦，我还劝阻过他，但他说：“组织上既然安排了，那就要服从，有这个机会也是多一次历练。”

后来听说孔繁森同志殉职了，我非常悲痛。遗憾的是，当时我们部队在执行任务，我没能去参加他的追悼会。2010 年，我到聊城孔繁森同志纪念馆参观，还去看望了他的妻子王庆芝大姐，也算是了却了一个心愿。

我认为孔繁森同志内心有很多值得挖掘的东西，他的精力极其充沛，待人特别热情，非常乐于助人，他的很多做法一般人理解不了。但他绝不是虚伪，绝不是作秀，也不是敷衍，而是发自内心的。他不是一天、一个月、一年这样，而是长期如此，他是一个有着远大理想、伟大人格、崇高美德的人。

永远的怀念

口述人：郝桂尧，曾任西藏日报社记者

采访组：刘建国　赵亮亮　洪亚彬　郜雪梅

采访日期：2017 年 9 月 6 日

采访地点：济南

循循善诱　春风化雨

我在西藏日报社工作期间，一次，国家部委领导到拉萨调研，组织我们这些刚进藏工作的大学生座谈。会议还未开始，进来几个人，走在前面的那个，个子很高，衣着朴素，但是气质特别好，我以为他是国家部委的领导，后来听别人介绍才知道，这是拉萨市副市长孔繁森。那是我第一次见到孔市长，用现在的话说，他是个自带光环的人。

在那次座谈中，我们直言不讳地说了很多进藏以后的不适应，也发了一些牢骚。后来孔市长私下跟我们聊了很多，他说：

“你们不是来改造西藏的，你们要适应西藏，要融入藏族文化，只有把根扎在西藏，才能给这个地方服好务。”他的一席话让我一下子明白了很多道理。

1993年年初，我准备从西藏回山东，孔市长准备去阿里赴任。临行前，热情好客的孔市长邀请我们一起参加朋友的聚餐，为我们送行。我因为有事要提前走，他还主动把我送到楼下。他那平易近人的品格、踏实做事的精神，深深地影响了我。

英模逝去　精神长存

1995年年初，山东省委组织部的一位处长给我打电话，告诉我孔繁森在去新疆考察的路上牺牲了，省里决定要好好宣传他。他知道我最早在西藏日报社工作，报道过孔繁森，所以跟我联系，希望能收集一些资料。我听到这个消息，很震惊，也很心痛。

山东省委组织部约我和当时的老社长杨凤山，在省委组织部主办的刊物《党员干部之友》上刊登了一篇长篇通讯《孔繁森之歌》。后来，组织决定为他写一本书。于是，我们就到孔繁森的老家——位于山东聊城的堂邑镇五里墩村去采访。

在村党支部书记孔祥华的带领下，我们来到一个五保户家，这是一位年近八旬的老人。提起孔繁森，他流着泪说：“繁森是个好人啊，我这拐杖就是他送的，还给我买了一个收音机让我解闷儿。”孔祥华说：“他不光对这一位老人好，他对村里所有人都

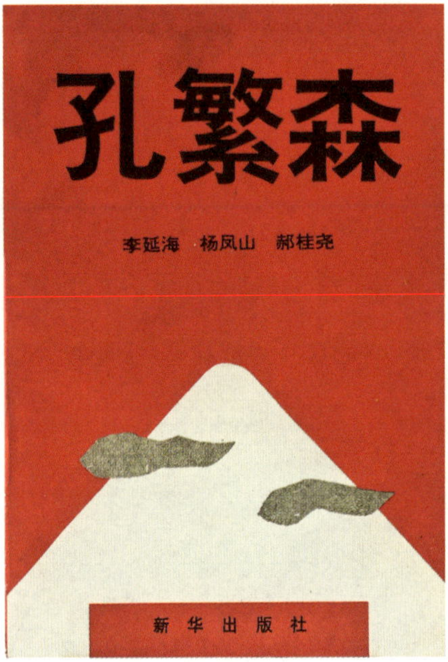

李延海、杨凤山、郝桂尧合著的报告文学作品《孔繁森》

好，他回村有一个习惯，坐车到村头一定要下来走到村里，沿途给所有人打招呼。而且他一直关心村集体经济怎么发展。我们这个村荒地特别多，他出了个主意，先把一块荒地建成砖窑烧砖，然后把挖出来的坑建成鱼塘养鱼。因为这个创新做法，那时候，我们全体村民年收入达到了几十万元。在二十世纪七八十年代，这对一个村来说是相当可观的收入了。以前我们这个村很穷，有五六十个人打光棍，通过孔繁森的帮助和村党支部的努力，村里贫穷落后的状况改变了，村民收入大大提高，很多人盖了新房。到 1985 年前后，大部分光棍都成了家。”

家风传承　光辉永在

走进孔繁森在五里墩村的家，我很意外：一处不大的院子里有三间旧房子和三间新房子。旧房子非常破，里面放的全是农具，好多是孔繁森曾经用过的；所谓的新房子也很简陋，中间的屋里有两把老的太师椅，已经磨得发亮，还有一张旧桌子……真的难以相信，这就是一个地委书记的家。看到这个场景，我不由得把身上装的300多元钱全部掏出来交给他母亲，老人看了一眼，什么也没说，默默地在那里掉泪。

自古忠孝难两全，我想象得到，他在这个家里面临抉择时内心的纠结与痛苦。孔繁森是很孝顺的人，但是在国家需要他的时候，他毅然服从组织安排，远离家乡，奔赴西藏。

后来，我们来到聊城地区行署家属院，见到了他的妻子王庆芝。进了家，我看到，室内根本没有什么新的家具，沙发是布的，两个大立柜和桌子椅子都很旧，只有一台日立彩电是他家最现代化的电器。

王庆芝很难过，她给我们讲了很多事，其中一件让我记忆深刻。1979年，孔繁森第一次援藏，当时他一家人都在农村，所有农活及家务都是王庆芝一个人来干。初冬的一天，王庆芝去地里拔棉花柴，他们家的地在河对岸，平时都要坐船过去，但是那天人太多，搭不上船，她就自己蹚过河去。一亩半地，平时需要六个人干一天，但她只能自己默默地干到晚上八九点。当时，渡船也没有了，她拉着一地排车的棉花柴，一路流着泪，绕了很远的道走回了家。除了身体上的疲惫，更痛苦的是内心的煎熬，但她为了让孔繁森安心工作，毅然选择自己承担这一切。孔繁森为人民无私奉献、默默付出，他的品格塑造着整个家庭的家风。王庆芝的身上，同样也体现着这种优良的家风。

在与孔繁森的交往过程中，以及在他去世后的采访工作中，我深深地感到他对西藏的热爱，对家乡发展的关心，以及他舍小家为大家的崇高品格。他想的不是自己，而是老百姓，是怎样才能让老百姓过上好日子。他虽已离去，但他的精神永远激励着我们！

他是照亮我生命的一束光

口述人：黄永青，曾任拉萨市城关区税务局干部

采访组：刘建国　洪亚彬　赵亮亮　郜雪梅

采访日期：2018 年 3 月 27 日

采访地点：淮安

他为我驱散身在异乡的孤独

我是江苏人，因为父亲是援藏干部，所以我和哥哥都在西藏生活。1990 年 11 月的一天晚上，朋友带我去时任拉萨市副市长的孔繁森宿舍里做客，我们因此相识。孔书记给我的第一印象是平易近人、和蔼可亲、说话随和，没有一点儿官架子。落座后，他亲自给我倒了杯水，和我们聊起家常。当时，我还是一个即将毕业的师范生，他勉励我好好学习，毕业后努力工作，为西藏的教育事业贡献一份力量。他还嘱咐我，如果遇到困难，就及时去找他，他会鼎力相助。

从那以后，每到周末，只要没有特殊情况，我都会去孔书记那里，一是看望他，二是帮他干点儿家务，毕竟他一个人在西藏，工作又忙，没什么空闲时间。通过一段时间的接触，我们相互了解越来越多，话题也更多了，每次跟他交流我都受益匪浅。

孔繁森（右）和黄永青（左）在拉萨家中的合影

当时，由于远离家乡、身在高原，对环境不适应，我变得没有以前开朗了，常常不知道如何排解心中的郁闷，甚至会因为一点儿小事和同学吵起来。孔书记像一束光照亮了我的生命。为了让我重拾生活的热情，他无微不至地关心我、照顾我，待我像亲儿子一样。跟他在一起做的每一件事，都让我印象深刻，永生难忘。

在拉萨，孔书记住的房子很小，条件也很一般，但他从来没有怨言，还说：“我大多数时间都在外面工作，东奔西跑的，更艰苦的条件都没问题，这点困难算得了什么。”他的家就像宾馆一样，谁都可以去，家门钥匙就在门框上放着。

1990年年底，我父亲退休回内地了，学校马上放寒假，食堂不开伙，要求学生全部回家。我当时需要留在拉萨完成一些学习任务，不知如何解决吃饭和住宿问题。孔书记知道后，马上提出让我到他那里住。西藏的寒假时间很长，有两个多月，那段时间，我们俩一直挤在一张床上。他身材高大，当时一定睡得很不舒服，但他宁可委屈自己，也不让我无家可归。

孔书记有早起的习惯，而我当时年轻，喜欢睡懒觉。他每天起床后，总是用高压锅把稀饭做上，然后就开始打扫卫生。他的宿舍在二楼，他用拖把拖完自己的房间之后，再从二楼楼梯拖到一楼，每天如此。做好早餐、打扫完卫生之后，他才叫我起床吃饭。

孔书记生活很节俭，平时都是自己做饭，做的基本都是家常菜。他炒菜时油放得很少，每次吃完后，总是倒点开水，再把剩下的油汤喝完，并教育我，不要浪费。有时饭做煳了，成了黑乎乎的锅巴，他都吃得干干净净，吃剩饭剩菜更是经常的事。我当时很瘦，像“豆芽菜”一样，孔书记对自己很“抠”，却专门给我订了酸奶，每天早上都会送来。有时，他会骑着自行车到市委大院门口买两个肉夹馍，一个有肉，一个没肉，把有肉的给我吃，他吃没肉的那个。他说：“小黄你年轻，需要加强营养。”他对我真的比亲生父母还要好。

他只顾着爱别人，却忘了自己

孔书记对我和哥哥都非常好。1992 年，我哥哥因工作需要从西藏调回内地，孔书记执意要去给他送行，并送给他一本影集和一条哈达。影集上写着一句勉励的话："冬青，发扬西藏精神，争取更大光荣。"他的字非常漂亮，那本影集哥哥一直保存着。他与我们非亲非故，也并非同乡，却一路扶持着我们，我们兄弟俩都很感激他。

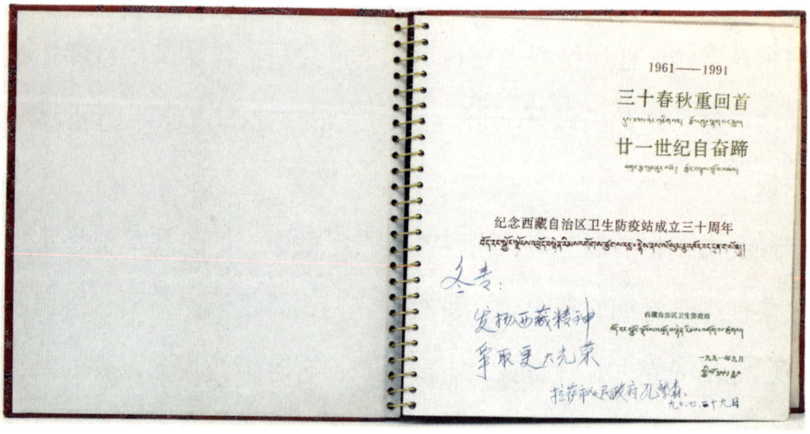

1992 年 7 月 29 日，孔繁森送给黄永青哥哥黄冬青的影集扉页

1992 年，孔书记因病在西藏军区总医院住院。朋友听说他住院，炖了鱼汤送过来，说让他补补身体。得知另一位领导的家属也在同一家医院住院，孔书记立刻让人把鱼汤送过去。那位领导

感动地说："都是为党和人民办事的共产党员，孔书记这么关心人、体贴人，格局真的比我大！"

有一次，也是孔书记住院时，我去看望他，他吃完早餐说要出去走走，不让我跟着。一个半小时后他才回来，走路有气无力，在我的追问下他才告诉我，他是去献血了。我责怪他年纪大了，不应该献血，他说："我体质好，不缺营养，献点血没什么，过几天就恢复了。不要告诉别人。"后来我才知道，他是为了收养的三个藏族孤儿才去献血的，当时换取的营养费，都用在了孩子们身上。他真的是把三个藏族孤儿当成了自己家的孩子。

孔书记在西藏经常下乡走访，有时候一跑就是上千公里。那边的小孩子真是苦啊，穿得很单薄，冻得直打哆嗦，教育条件也比较落后。孔书记心地善良，常做善事，他每次下乡时，都带些干粮、方便面等吃的东西，见到有困难的人就拿给他们。他就是这样，把所有的爱都给了别人，唯独忘记了自己。

他和家人对我恩重如山

1993年6月，孔书记从阿里来拉萨开会，听说我谈恋爱了，了解到我和我爱人是真心相爱，他说："那就早点把婚礼办了。"我们双方父母都不在西藏，孔书记就一手操办了我们的婚礼，给我们当证婚人、主持人。当时王庆芝阿姨和孔玲正好来拉萨看望孔书记，结婚用的所有东西，包括床单、被套、枕巾、枕套、暖瓶、脸盆、脚盆，是他和王阿姨、孔玲亲自去西郊贸易大楼跑了三趟，才置办齐全的。我刚参加工作不久，没有什么积蓄，孔书记还给我垫付了一部分婚宴的钱。因为这，孔玲跟孔书记开玩笑说："你对外人比对我们都好。"孔书记一家对我的恩情，我永远都不会忘。

我没有想到，一年多之后，孔书记溘然长逝，留给我们无尽的悲痛。那之后，我一直想去聊城看望奶奶（孔繁森的母亲孔李氏）和王阿姨，但因为工作忙碌，一直到1998年6月才成行。奶奶在病榻前一直拉着我的手，拉得很紧，久久不肯松开。听说，我们走后没多久，奶奶在当年8月去世了。幸好见了老人一面，我们没有留下遗憾。

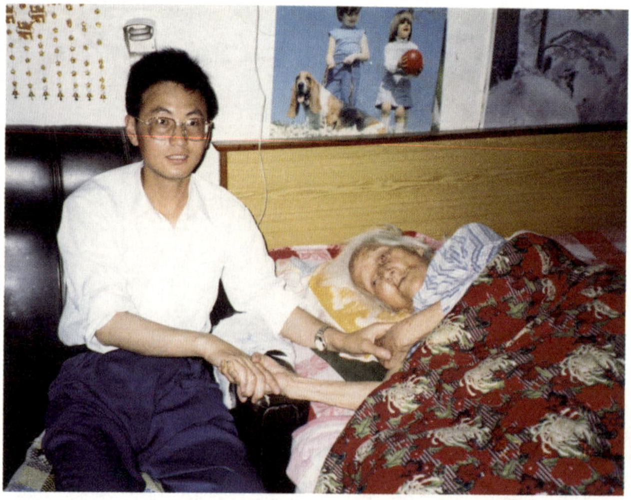

1998年6月，黄永青与妻子到聊城看望孔繁森的母亲

孔书记是党员领导干部的楷模，也是个了不起的好人，我们从内心深处缅怀他。我们曾与他在工作和生活中相处过，被他的动人事迹和崇高精神所感染，如今更应该带头向他学习，将孔繁森精神继续发扬、传承下去，不辜负孔书记对我们的教导和期望。

红色血脉永流淌　初心使命永不忘

口述人：王志东，曾任西藏日报社记者、编辑

采访组：刘建国　洪亚彬　李菲　赵亮亮

采访日期：2014 年 6 月 17 日

采访地点：济南

红色名片映照理想信念

1993 年 11 月，我受山东社会科学院党委委派，到西藏日报社进行援藏工作，担任理论部的编辑和记者。

1994 年元旦期间，我和孔繁森在山东老乡联谊会上相识。其实在那之前，我们都听说过孔繁森的名字，提起他，所有老乡都赞不绝口。联谊会上，时任西藏自治区党委常委、自治区人民政府常务副主席的杨传堂同志勉励援藏干部努力工作，号召大家向孔繁森同志学习。由此可见，当时孔繁森已经具备“榜样的力量”了。为了活跃气氛，孔繁森还唱了几首歌，他嗓音浑厚、感

情充沛，赢得了一片叫好声。

得知我们是山东来的援藏记者，孔繁森非常高兴，热情地邀请我们去阿里采访，并递给我一张名片。这张名片颜色非常特别，是国旗一样鲜艳的红色，令人印象深刻。当时我们进藏刚一个多月，高原反应比较严重，环境恶劣、条件艰苦，这个时候，一位有着丰富援藏阅历的山东老乡递给我一张火红色的名片，使我的心头猛地一震，带来的心灵冲击是无法言说的。因为在青藏高原那样恶劣的环境下看到一片红色的时候，很容易想起流血和牺牲，当然也让人感觉到孔繁森同志那颗火热滚烫的心。在接过名片的瞬间，我深切感受到了孔繁森同志献身高原的坚定理想。当时，我回味了很久，并将名片珍藏至今。

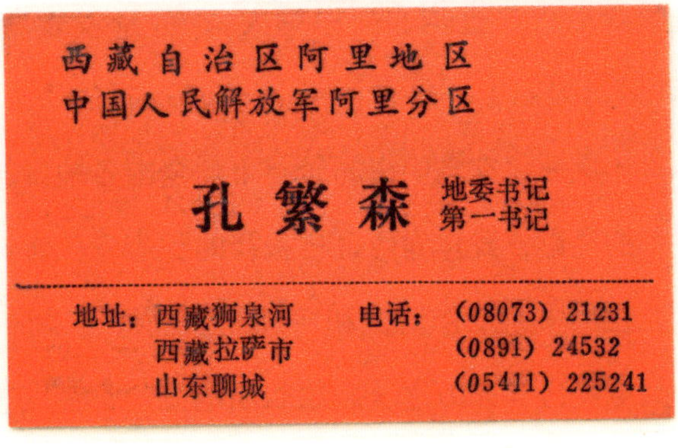

孔繁森当年送给王志东的红色名片

从那以后，我们就成了朋友，只要他来拉萨开会，我和几个要好的朋友就会到他的住处去，和他见见面、聊聊天。有一次，孔繁森交给我一篇文章，是他关于加快阿里发展的一些理论思考，写得非常好。我用了半个版的篇幅，发表在《西藏日报》的理论版。

1994 年的中秋节，在拉萨的山东老乡原本计划开个联谊会聚一聚，但是孔繁森执意要赶回阿里和部队官兵一起过节。我们口头约定，有机会去阿里看他，并一定做个采访，报道一下阿里人民艰苦奋斗的精神面貌和社会经济快速发展的良好态势，没想到这一别竟成永诀。

几个月后，我刚从察隅县的乡下采访回来，惊悉孔繁森因公殉职的消息，很长时间都不敢相信这是真的，心中的悲痛实在难以排遣，也非常想为他再做点事情。回想起他对西藏人民的热爱和对高原的献身精神，我怀着崇敬和惋惜的心情写了几篇文章，《永远的怀念》《痛悼孔繁森》《理想旗帜永飘喜马拉雅——献给孔繁森和坚守边防的阿里军人》，分别发表在《大众日报》和《西藏日报》上。

不久后，在党中央的号召下，全国各地掀起了向孔繁森同志学习的高潮，我作为西藏日报社的记者专门奔赴阿里地区，对孔繁森在阿里的工作情况和卓越业绩进行了采访和报道。这期间，中央电视台《东方之子》栏目组的三位记者同志也赶到阿里，要为孔繁森做一部专题片。我们一起采访了很多孔繁森生前的同事、好友和西藏群众，大家提到他无不交口称赞、由衷敬佩。经过整理编辑后，终于做出了一部非常成功的片子——《怀念》，在当年中央电视台的七一晚会上播放，引起强烈反响。

深挖孔繁森精神思想基础

在阿里高原，我采访了孔繁森生前诸多的同事、至交好友，包括王玉昌副专员和地委宣传部柴腾虎副部长，根据他们的讲述，撰写了文章《一瓣雪心慰忠魂》，发表在《西藏日报》上，主要表现了孔繁森逝世前后的经过和人们怀念他的悲痛之情。同时，我在军分区刘运通司令员的陪同下，一起到了狮泉河的烈士陵园，向孔繁森墓碑敬献哈达。当时他的坟墓还未经修缮，显得比较简陋，小小的衣冠冢上，竖立着由红漆撰写的木质墓碑。我将带来的白酒洒在他的坟头，寄托深深的哀思。

我在阿里待了 40 多天，采访的干部群众都对孔繁森交口称赞，但也有人会问，难道孔繁森就这么完美，就没有缺点吗？我们在采访的过程中也特别注意这一点，想立体、多维地揭示孔繁森人物形象的真实性，还原一个有血有肉的典型人物。当我们提出这个问题时，百分之八十以上的人想了想都说没有，孔繁森在他们心中是非常完美的，像救苦救难的菩萨一样，剩下百分之二十的人在我的反复追问下，有的搜肠刮肚地说："硬找缺点的话，一方面是他在工作中有时比较着急，对同志们虽然和蔼可亲，但是眼里容不得沙子。当他看到有些干部因偷懒、不敬业、不上心而耽误了工作时会很生气，有时候还会拍桌子发火。另一方面就是他在讲话时从不拐弯抹角，容易得罪人。对于工作中存在的问题和不良现象，大家有时会避而不谈，而他会直言不讳地提出严肃的批评和深刻的见解。”

但在我看来，这两点都不能算缺点。一方面因为他责任感强、想切实推动阿里当地的发展，想在自然环境恶劣、基础工作较为薄弱的情况下做出工作成绩，而这不是他仅靠一己之力能够达到的，所以他在工作上对同事们要求非常严格。另一方面，孔繁森敢于直言，而不是闭口不言、明哲保身，恰恰体现了他以事业为重、不计个人得失的优秀品质。

我认为孔繁森精神的思想基础有四个方面：一是他深受中华民族优秀传统文化的熏陶和影响，也传承了齐鲁大地厚道质朴、助人为乐、吃苦耐劳、正直仗义、甘于奉献的精神品质。二是得益于早年在部队大熔炉的锤炼。他 17 岁入伍，部队的环境熏陶和老首长对他的教育培养，为他思想境界的提升、革命精神的塑造、过硬作风的形成打下了坚实的基础。他当时还被评为学习毛主席著作积极分子，可见他自身也不断地要求进步。三是西藏恶劣的自然环境和艰苦的生活条件磨砺了他。两次进藏、一次留任，他顶着巨大的压力，为西藏的建设和发展做出了很大的贡献，也赢得了西藏人民的拥护和爱戴。四是他对西藏人民始终心怀感恩。他在岗巴工作期间，不慎坠马摔伤，被当地藏族群众所救。从那之后，孔繁森就一直感恩西藏人民给了他第二次生命。多年来，他把西藏当作自己的第二故乡，视西藏人民如亲人。

孔繁森是山东的骄傲，孔繁森精神是中国共产党的宝贵财富和精神引领，彰显了中国共产党人的初心使命、责任担当和真诚为人民服务的坚定理想信念，我们一定要把孔繁森精神永远传承、弘扬下去，培养更多孔繁森式的好干部，让祖国更美好，人民更幸福。

要知松高洁　待到雪化时

口述人：魏武，曾任大众日报社记者

采访组：洪亚彬　刘建国　李菲　赵亮亮

采访日期：2014 年 6 月 16 日

采访地点：济南

高原敞心扉　报道引轰动

孔繁森同志已经离开我们多年，现在回想起来，依然有很多的感慨。

1993 年 11 月，我受组织委派，作为大众日报社的援藏干部到西藏日报社工作。我们四位援藏干部于 11 月 7 日抵达拉萨，不到一星期，孔繁森同志就来报社看望我们。他非常关心我们，问我们在西藏习不习惯，有没有什么困难。不久之后，孔繁森同志请我们到他在拉萨的住处做客，他亲自包水饺给我们吃。我们吃着香喷喷的水饺，拉着家常话，非常感动，感觉那里就是我们的家。后来时间长了才知道，孔繁森同志的简陋小屋也是许多山东老乡、西藏同胞的家，这里既有机关干部、武警战士，也有在拉萨的生意人，总之家中经常人来人往，非常热闹。

孔繁森（前右三）和魏武（前右一）及牧民合影

孔繁森的书桌上有一摞初、高中数理化课本，都是给武警拉萨市支队战士们用的。他看到一些战士学习心切但没有条件，就腾出自己的房间，请他们随时到家中学习，专门请人辅导战士们，有时他也会“亲自上阵”。几年来，已经有 18 位战士从他那小小的陋室中走进了高等院校的课堂，他的家也成了名副其实的“战士的家”。

大家知道我们是记者，要求我们一定要好好报道一下老孔，说他是个好人。我们也慢慢了解到许多孔繁森同志的先进事迹，比如收养藏族孤儿，帮助敬老院老人，给农牧民送钱送物等。当我们对孔繁森提出采访他的想法时，他百般拒绝，说西藏有许多比他援藏时间更长、事迹更突出的同志，让我们多去采访他们。后来在我们的反复请求之下，孔繁森同志才勉强同意。

大概是周六，我和一起援藏的济南日报社记者谢鲁德同志来到了孔繁森同志家里。他家里只有一把椅子，我们就坐在床沿上采访他。因为我们本已熟悉，孔繁森同志很快就打开了话匣子，说了很多心里话。他讲了自己对西藏大好河山的热爱、对西藏老人的牵挂、对他所收养的藏族孤儿的慈悯，当然他也谈了对自己妻儿老小的歉疚之情。我记得当他谈到自己90多岁的老母亲身体不好，而他不能在母亲膝前尽孝时，眼含热泪说道："我作为一个党员干部，不是一个好儿子，但我知道，有句话叫自古忠孝不能两全。"当时，我们被深深打动了。

结束采访大概是傍晚时分，我回到报社，按捺不住激动的心情，顾不上吃饭就开始埋头写作，一气呵成写出了长篇通讯《"世界屋脊"上，有这样一个山东人》。完成这篇稿件时临近春节，正赶上我回山东休假，我就把稿件交给了当时《大众日报》总编辑刘广东同志、副总编辑朱宜学同志。他们俩也都认识孔繁森，读后均被孔繁森无私奉献的精神所打动，叮嘱报社同仁尽快刊发这篇稿件。

1994年2月17日，稿件在《大众日报》头版头条刊登了，见报后引发的反响出乎我们意料。我记得报社一位离休的老领导握着我的手说：“我是一字一句读完了这篇通讯，孔繁森的事迹太感人了，像孔繁森这样的人现在太少了。”孔书记也对我说，看了报道后，有30多位全国各地的青年给他、给阿里地委写信，表示要学习孔繁森，主动要求到条件艰苦的阿里地区工作。后来这篇通讯还被评为1994年山东省新闻奖一等奖，并被推荐参加中国新闻奖评选。这就是我和孔繁森同志相识相知的过程。

大眾日報
DAZHONG RIBAO
1994年2月17日　星期四　（第18541号）
农历甲戌年正月初八　（代号 23－1）

中外合资新达制药有限公司隆重推出——
目前全球最畅销的抗感染药·国家级新药·高档抗菌药
新达罗胶囊
（头孢克洛胶囊·250mg）
中外合资新达制药有限公司制造　山东新华制药厂医药贸易部境内总经销
地址：山东淄博　邮编：255005　电话：(0533)213007　214223－3442　电挂：6850

“世界屋脊”上——
有这样一个山东人
——记山东籍援藏干部、阿里地委书记孔繁森
初上高原
二次进藏

国有企业“雄狮出笼”　乡镇企业面临挑战
莱芜市钢城区乡镇企业强筋壮骨再造优势

在新形势下积极发挥先锋模范作用

1994年2月17日 魏武发表在《大众日报》上的通讯《“世界屋脊”上，有这样一个山东人》

同行在阿里　大爱照雪域

1994年9月，孔繁森在北京参加完第三次西藏工作座谈会回到拉萨后，问我是否愿意随他一起到阿里采访。19日，我与西藏日报社记者益西加措开始了艰苦而难忘的阿里之行。

从拉萨到阿里全程1000多千米，除个别地方外，所谓的路不过是往来的车辆轧出的车辙而已。汽车在高低不平的戈壁滩上剧烈颠簸，坐在车上仿佛五脏六腑都要被颠出来了。一下车，连路都走不动。然而，孔繁森每到一处，总是顾不上休息，先到农牧民家里坐坐，了解他们的生产生活情况，对家庭生活困难的群众，他毫不犹豫地解囊相助。

孔繁森患有直肠纤维瘤，长途奔波使纤维瘤破裂，内裤经常被鲜血浸透。一天深夜，我醒来发现他正在悄悄地洗着内裤，他忙轻声叮嘱我替他保密，不要惊动别人。第二天一早，他又像没事人一样，精神抖擞地出现在我们面前。

某天，我们驱车赶到了日喀则地区的拉孜县，因为前几天阿里地区赴内地上学的学生在拉孜县被洪水所阻，县领导及时安排车船将学生安全送到拉萨，孔繁森专程向县领导赠送锦旗。仪式结束后，天色已晚，县领导挽留我们一行吃晚饭，可孔繁森坚持要走。他恳切地说："我们是来感谢的，不是来添麻烦的。"这样的小事不胜枚举。还有一次，他在噶尔县一所小学检查工作，发现孩子们穿的衣服有些破烂，他立即把自己身上的钱拿出来，交给校长，让他们为学生做新衣服。

阿里地区条件艰苦，孔繁森身体本来就虚弱，加上长途跋涉和高原反应，最终病倒了。地委安排他住院，但他坚决不去，医生只好在家里给他治疗，但孔繁森却一边躺在沙发上输液，一边批阅文件，有时还不听别人的劝阻，拔下输液管就去开会，没有耽误过一天工作。

转眼国庆节快到了，他的病情没有好转，开始发高烧。我们想让食堂专门做点病号饭，可孔繁森摆摆手，说过节就不要麻烦师傅了，请我们给他煮点面片汤就行了。阿里海拔高，面片下锅后就成了一团糊糊，我盛上一大碗不好意思地递给他，他端着碗大口大口地吃着，连声说："好吃，好吃。"目睹此情此景，在场的人百感交集，一个地委书记生活如此清贫，在内地工作的人想象得到吗？

挥笔塑楷模　神州共悲恸

我在阿里采访的那段时间，与孔繁森朝夕相处、倾心相谈，度过了终生难忘的一段时光。分别时，孔书记紧紧握着我的手，深情地说："欢迎山东老乡再到阿里采访，我一定在这里等着你！"然而没想到，一个多月后，无情的车祸就夺走了他年仅50岁的生命！

不久后，山东省决定派出孔繁森事迹采访团赴藏采访报道。在选派采访团人员时，报社领导考虑到我刚从高原下来身体状况不好，建议我在后方采访，我谢绝了领导的好意，表示一定要赴藏采访。

1994年12月15日，采访团一行十几人踏上了西藏高原。在举行孔繁森骨灰安放仪式时，拉萨西郊烈士陵园人山人海，哈达堆积如山，数千名干部、职工和农牧民群众自发前来悼念。当骨灰下葬时，为孔繁森照看两个孤儿的崔建勇使劲用额头撞地，悲痛欲绝。整个陵园哭声一片。

在拉萨，经常有许多干部群众主动找到我们，和我们谈孔繁森，有的谈着谈着就失声痛哭。在一次山东老乡的聚会上，有人唱起了孔繁森生前最爱唱的几首歌曲，歌声仿佛打开了大家泪水的闸门，所有人都哭成一片，饭菜一口未动……这时，我才真正明白了“活在人民心中”的含义。

回到山东已是12月29日，我们广泛征求意见、数易其稿，最终完成了通讯《人民的好儿子——孔繁森》，在1995年1月10日《大众日报》头版头条刊出。

春节过后，我乘坐上了进京的火车，参加由新华社、人民日报社、西藏日报社、大众日报社记者联合组成的《领导干部的楷模——孔繁森》写作组。大家夜以继日地工作，心里只有一个信念：让孔繁森事迹走进千家万户，让孔繁森精神影响全国人民。1995年4月7日，全国各大报纸均在显著位置刊登了此篇长篇通讯。

要知松高洁，待到雪化时。孔繁森精神随着时代的推移彰显出愈加强大的生命力，已成为中华民族共同的宝贵财富，激励着无数人像他那样去工作、去生活。

良师益友　人生楷模

口述人：刘忠志，曾任成都军区测绘大队六队教导员

采访组：刘建国　李菲　赵亮亮

采访日期：2017 年 11 月 6 日

采访地点：成都

诚心实意父母官

1989 年，我奉命率领所属六队官兵在西藏边境执行制作沙盘任务时，和孔书记初次相识，由此开启了我们长达 6 年的良师益友师生情。

1989 年夏，成都军区在日喀则召开边防工作会议，孔市长也参加了这个会。那天我们正在日喀则军分区工作，他头戴一顶礼帽，穿着呢子大衣，风度翩翩、气宇轩昂地走进我们的现场。我是第一个发现他的，主动和他打招呼：“首长请坐。”其实我们工作现场非常脏、非常凌乱，根本找不到坐的地方。他说他不坐，

他当过兵，对沙盘多少有点儿了解，就和我们亲切地交谈起来。他询问一些工作的情况，我们有问有答，跟他聊得比较投机。他临走的时候，主动提出为我们拍摄工作照，叮嘱我们来到西藏要尊重民族风俗，注意做好安全工作，还告诉我他住在军分区小院招待所，让我有空的时候去找他。

孔繁森与刘忠志（左一）及其战友合影

在他快结束会议的一天晚上，我专程去拜访他。聊天中得知他当过团干部，我也当过团干部，我便向他汇报自己当团支部书记时开展军地会演、创造部队“万人空巷”盛况的工作情况和心得体会，我们一见如故，聊得很投机。过了一会儿，我就要回驻地了，孔市长说：“我送你。”我住在日喀则军分区汽车连宿舍，离他的小院招待所比较远。我以为他只把我送出小院子，没想到他一直把我送到驻地宿舍。我很感动，赶紧拿出从成都带的特产牛肉干等零食想送给他两袋，他不要。我就一直跟着他，又把他送回招待所，坚持把零食放到他的床头柜上。我这一走，他又要送我，就上演了如此循环往复互相礼送多次的轶事。送到半路，我们以训练场中线为界，约定互不相送了，就这样依依不舍地分开了。边防工作会议结束后，他说再来拉萨的时候一定要联系他，还给了我一张他的名片。

后来有一次，我们到拉萨执行任务，由于飞机停航，我们被迫滞留在拉萨两个星期，身上的钱都快花光了。我们住在西藏军区招待所，也不知道什么时候通航，为了节省开支，一天只吃两顿饭，上午有意起得晚点，11 点去吃早餐，下午有意吃得晚点，花八毛钱买一份菠菜煮的肉丸子汤，或者吃两个包子，以此“开源节流”。有一天晚上，孔市长来看望我们，我们就向他汇报了回不了四川的困境，并着急向他打听通航信息。无意中，他敏锐地从我们的“七嘴八舌”中发现我们生活作息不规律、不正常，几句话就套出了我们“弹尽粮绝”的事实。他立刻要求我们，从明天早上开始到他那里吃饭，并特别强调，中午、晚上都在他那里吃。他说：“到时候我把饭打好放到桌子上，把房门钥匙放到门框上，你们自己开门，自己吃。”

我们都很感动，也很犹豫，为什么呢？不好意思去，也不好意思不去。我们几个商量过后，选了三个胆大的同志当代表，去了以后，把钥匙拿下来，打开门一看，桌子上有一筐子馒头。那时候天冷，我们又自己烧点汤喝。西藏那边的作息时间和我们内地不一样，大概是十二点过后才下班，下午三点或三点半才上班。孔市长中午回来不午休，总要陪我们聊一聊。他家里的人比较多，市政府的武警战士常来吃饭，甚至日常用品随便取用。孔书记对他们就像父母对孩子一样慈爱，他们也像在自己家里一样自在。这么多人的吃喝用度算起来也真是一笔不小的开销，他甚至把钱放在抽屉里，年轻小伙子们缺钱了就从里边拿。所以，听说孔书记去世的时候身上只剩几块钱，我认为合情合理，深信不疑。

有一次，他还邀请我们吃西藏有名的岗巴羊肉。那天晚上跟他一起吃饭的，还有岗巴县的两三位领导，他们不由得讲到岗巴的建设、牧民的情况等。孔书记顾及我们的感受，也时不时问一下我们的工作情况。所以我从他身上学了一招：人多一起吃饭的时候，不能顾此失彼，为了这边而把那边冷落了。聊到兴起时，我们倍感他和蔼可亲，平易近人，也不觉得跟他有距离了。我说："市长，听说拉萨的毛毯很有名，我在那几条街的百货市场都没有买到，你在这边有熟人的话能不能帮我买？"他说："好。"后来他回山东探亲的时候专门到我所在部队驻地——四川省德阳市广汉县新丰乡高宗寺，把毛毯送给我，我要给他钱，他硬是不要。

谆谆教诲如春风

他每次回家探亲或返回西藏，几乎都是住在成都人民北路的那个西藏饭店。每次，我都会专程去拜访他。有一次他从山东回来，在成都中转进藏，我当时正在驻地广汉，听说之后就专程赶到成都去看望他。到那一看，他的房间门庭若市，军地朋友络绎不绝，有来问好的，有来说工作的，我就自觉地在边上等，一直到晚上 11 点多，来客才陆陆续续地散去。标间里有两张床，就剩我们俩的时候，才分别洗漱后，靠在各自的床上开始说些知心话。他问我家里怎么样。当时我母亲在广汉，帮我带孩子，50 多岁了，身体不是很好。我父亲参加过抗美援朝，后来安置在宝兴县石棉厂工作。那时候我母亲想让我调回雅安军分区服役，方便照顾全家老小，我觉得调动难度很大，还不如转业到地方工作。孔书记听到这里，就给我讲了一堂什么是忠、什么是孝的理论课。

他现身说法地说："人生不是一帆风顺的，多少有点儿波折。人要经历方方面面的磨炼，其中就包含了忠孝不能两全。"后来，我虽然没有调动成功，但孔市长循循善诱的教导点醒了我，"既然回不了家就在部队好好干"，我谨遵教诲，在部队取得了很大进步。我常想，我当兵尽忠，尽不了孝，回不了家，帮不了母亲，为什么不好好干，多做点事，做出点成绩，建功立业了，父母也荣光。当我悟到这个道理之后，就尽心尽力认真履职尽责，在之后的工作中体现"忠"。

他还教我很多为人处世的道理，比如我 27 岁当教导员，部队整编合并后，遇到下属不乏军龄、职务、级别、资格都比我老的情况，我怕这些下属不服我，就特意学贺龙元帅的样子留胡子，想把自己打扮得老成一点。孔书记看了就批评我，说我不修边幅。他告诉我："领导的威信不是你这样来的。"我深感惭愧，暗下决心苦练内功，自觉提升自我综合素质，逐渐学会沉下心来做事。是他教会了我，领导要率先垂范、以德服人，而不是靠表面功夫。

孔市长对我而言既是一位良师益友，又是一位慈爱的兄长。他的精神境界、人格魅力，无不让我深深折服。我认为，要当一名好的党员干部，没有孔市长那种特别能吃苦耐劳、牺牲奉献的精神不行，他不愧为我的良师益友、人生榜样、我们党员领导干部学习的楷模。

难忘他在抗震救灾一线的身影

口述人：田德茂，时任西藏自治区地震局办公室主任

采访组:刘建国　李菲　郜雪梅

采访时间：2016 年 3 月 16 日

采访地点：太原

我和孔繁森同志的两次接触都是在工作中。1992 年 7 月 30 日 16 时 24 分，拉萨市西北发生 6.5 级地震。地震发生后，时任西藏自治区党委书记的胡锦涛同志做出了重要批示：地震部门迅速查明灾况，全力做好善后工作。中国地震局启动应急预案，从四川派国家级首席预报员程万正及湖南省地震局的技术人员支援西藏。

对西藏地震部门来讲，地震就是命令。我们迅速派出工作队，赶赴现场了解灾情以及震害情况。7 月 30 日第一波地震发生，8 月 1 日早上 9 点我们迅速携带资料、整理装备派出了第一批工作队。工作队到现场后，每天都用电台发回灾区的灾情状况，但第三天不知何故却失去了联系。我们马上又派出了第二批

工作队，后来也失联了，后来得知是因电台功率偏小等原因，造成现场和指挥部无法联系。

在这种情况下，我们又于 8 月 6 日成立了第三批工作队，由我带有关专业人员赶赴现场。当我们行至曲水县与尼木县交界处的时候，发生了严重堵车。我下车步行过去了解堵车原因，走近才知道是现场发生泥石流堵住了通道，这样，通往灾区的车辆过不去，那边的车辆也过不来。当时，我看见一个戴着礼帽的大个子同志正在现场紧张地指挥抢修。我走过去问他："堵了多久了？什么时间可以通车？""已经堵了五六个小时了，可能还需要三四个小时才能修通。"他一边指挥着推土机推挖泥石流，一边回答。当时我不知道他是谁，也没有与他过多交流。

1992 年 8 月 1 日，孔繁森（左三）在尼木县地震灾区察看灾情，指挥救灾并慰问受灾群众

8 月7 日上午，接自治区政府办公厅一处的通知，要求汇报地震受损情况，我参加了尼木县受灾情况汇报会。在会议现场，我再次见到了那个戴礼帽的大个子，这才知道他是拉萨市分管文教、卫生和民政工作的副市长孔繁森同志。在会上，他详细介绍了受灾面积、受灾户数、受灾损失等方面的情况。

当时的灾区，吃的喝的都没有，更别说住的地方了，就只能在自己带的睡袋里凑合着睡。交通阻塞，信息不通，我们地震局工作队带的两台电台都失去了联系，难以想象孔市长他们这几天是怎么度过的。而且西藏地广人稀，居住分散，开展救灾工作十分不便。当时的艰苦程度，不去现场的人难以想象，我是深有体会的。

面对这么多的困难，孔繁森在地震发生后的第一时间就带领有关人员赶赴现场，跑了 280 多个受灾户。西藏一般的村子也就是十几户，他能够跑这么多受灾户，代表市委、市政府去慰问安抚他们，可想而知他克服了多么大的困难，付出了多么艰辛的努力。他得到的受灾情况和数据，也为我们地震部门的震后评估工作提供了可靠的参考。

为了灾区能够尽快重建，孔市长和我们一起，夜以继日地核算、考证，上报申请了 3000 多万元的赈灾款。听说他还亲自带着受灾的资料去北京，申请了 4500 万元的赈灾救济款，并及时划拨到灾区，分发到受灾群众手里。

孔繁森作为分管市长，不但第一时间亲临现场，顶着不断发生的余震危险，不顾个人安危同当地群众一起抗震救灾，事事亲力亲为，做了那么多的灾后工作，这种精神难能可贵、令人敬佩，永远值得我们学习。

后来，很多人跟我提起过他，他们的一致评价是：老孔是一个平易近人、工作不怕苦不怕累、能够实实在在扑下身子干实事干好事的、出类拔萃的好领导。虽然我跟孔繁森只有这么一次共事的缘分，但他戴着礼帽、高高大大的形象和他彰显着老西藏精神的种种事迹，却永远刻在了我的心里，挥之不去。

我心中的 “新时期的焦裕禄”

口述人：刘建中，时任西藏自治区商业厅物价财会处科长

采访组：洪亚彬　刘建国　赵亮亮　郜雪梅

采访日期：2018 年 5 月 8 日

采访地点：济南

我和孔繁森是 1988 年同一批援藏的山东干部，进藏后他担任拉萨市副市长，我在西藏自治区商业厅工作。我们俩的住处相距两千米，接触比较多。他的事迹催人泪下、激人奋进，他对党、对人民无私奉献、无限忠诚，而他对自己，则是廉洁自律、克己奉公。

忘我工作，何惧急难险重

接到援藏的通知时，我在内蒙古开会。那个时候，我的孩子还小，妻子身体又不好，但我一想到自己是从事物价管理 10 多年

的专业干部，既然符合报名条件，就要完成党交给的任务。我在申请书中写道："服从党的安排。"最后我通过了筛选和体检，接下了援藏这项光荣而艰巨的任务。

因为听说西藏条件艰苦，所以我去的时候带了很多生活必需品。赴藏路上，一个滨州的干部得了尿毒症，孔繁森和我们一起把他送到了西藏军区总医院。后来又有一些人身体受不了，他们就返回了内地。但我在西藏一待就是两年整，那两个春节都是和孔繁森市长一起过的。

孔繁森（前排左三）在拉萨和部分山东援藏干部及朋友一起合影（后排右二为刘建中）

孔繁森有着强烈的事业心，对工作兢兢业业，极其热忱。1989 年 11 月，孔繁森乘车去山南开会的途中，他乘坐的车不幸与一辆拖拉机相撞，发生了严重的车祸，孔繁森本人被诊断为脑震荡、颅底骨折，两只眼睛都差点失明。他住进当地人民医院。

因为西藏高寒缺氧，天气又冷，不利于恢复，我们都劝他回山东治疗，但他牵挂着未完成的工作，并没有接受我们的建议。几天后，他就强烈要求出院，出院后马上陪同德国代表团考察拉萨的教育工作。无论是介绍情况还是答记者问，他的状态都非常好，精力充沛、逻辑清晰，一点儿都不像重伤初愈的样子，我非常佩服他。

孔繁森很执着，有处理重大问题的经验，干起工作来游刃有余。在西藏和平解放四十周年庆祝活动中，孔繁森担任主会场拉萨劳动人民文化宫的总指挥。为确保万无一失，他几天没怎么睡觉，眼睛都熬红了，却还有条不紊地处理问题、安排工作。最后，在他的周密部署和精心策划下，那次活动取得了圆满成功。

热情真挚，群众基础良好

孔繁森作为拉萨市副市长，分管多项工作，每天都非常忙碌，但是他把每个山东援藏干部的冷暖记在心上。他非常善于与人沟通，总是抽出时间和我们谈心，也经常组织大家一起聚会，不光为我们解决了很多实际问题，还安抚了大家的情绪，让我们能安下心来，踏踏实实地工作。

孔繁森第二次援藏时，母亲已经快 90 岁了，王庆芝同志身体也不好，三个孩子年龄都不大。家庭情况和面临的困难，他从来不对别人讲，我们也是后来才知道的。1992 年他又去了阿里，其实他这种情况就算不去阿里也是可以理解的，因为他已经圆满地完成了两次援藏任务，但是孔繁森援藏期间的表现大家有目共睹，组织上派他去也是觉得他能干成事。在孔繁森的带领下，我们这批山东援藏干部对待西藏人民都是真心实意，去的时候大包小包，回来的时候把能送的都送给当地同事了，所以山东援藏干部在西藏的口碑很好，西藏的干部和群众对我们有很深的感情。

1991 年年底，我在山东省商业厅工作时，去聊城、德州调研，特意去看了王庆芝大嫂。她当时还住在行署院里的平房里。我一喊人，大嫂人未到声先至：“建中来啦!”我们的关系很亲近，没见到人她就能听出我的声音、叫出我的名字。我说我这次特意来看她，还告诉她孔大哥在西藏很忙，但是一切都好，让她不要惦记。

孔繁森的确令人敬佩。我工作这么多年，没见过谁能像他这样，对任何人都热情、真诚，凡是接触过他的人都很敬佩他、认可他。他还有一个特点，就是心态好。当然谁都有个愁事，但他从来不把这些表现出来，任何时候见到他都是高高兴兴的，还经常和我们一起唱歌、跳舞，苦中作乐。

孔繁森同志是一面镜子、一面旗帜，他工作能力强，对党忠诚、作风严谨，与人为善、诚实守信，为我们树立了一个好榜样。在他的影响下，我的人生观、价值观、世界观也有了很大的转变，从西藏回来之后，我在各方面都向他学习，也号召我所在单位的同事向他学习，工作上兢兢业业、加班加点，只要能为党、为人民做更多的事，再苦再累也心甘情愿。

以前我们学习焦裕禄，我觉得孔繁森就是焦裕禄的化身，他们共同的目标就是让人民过上安定美好的幸福生活，这种精神也永远激励着我们。孔繁森同志虽然离开了我们，但是他的光辉形象将永载史册、永放光芒。

“他教导我为众生服务”

口述人：尼玛次仁，曾任西藏拉萨市大昭寺寺管会副主任、自治区政协委员

采访组：刘建国　洪亚彬　赵亮亮　李菲　周会

采访日期：2016 年 8 月 14 日

采访地点：大昭寺

我是大昭寺的一名出家人，从 1985 年出家以来，主要的工作就是接待讲解。

大昭寺是文成公主进藏后建设的，以弘扬佛法为主要出发点，1961 年被国务院公布为第一批全国重点文物保护单位。2000 年 11 月，联合国教科文组织将大昭寺作为布达拉宫的扩展项目列入《世界遗产名录》，成为世界文化遗产。大昭寺是藏传佛教的发源地，也是藏传佛教信徒朝拜的终点。作为藏传佛教最古老的建筑物，大昭寺内供奉着独一无二的释迦牟尼佛 12 岁等身像。大昭寺游客不断，是来西藏旅游的必到之地，到拉萨

而没有到大昭寺就等于没来过拉萨。

我们佛家讲缘分。我负责大昭寺的接待讲解工作，而孔繁森在拉萨市当副市长分管文教工作，他经常陪同一些重要的领导人来大昭寺考察、指导工作，我们见面的机会比较多。

大昭寺不仅是佛教的中心地，也是民族团结和睦的象征。寺内建筑融合了西藏文化的精华，兼具中原文化的特色。到阿里当地委书记之后，孔繁森只要来拉萨开会，就会来看看我们，还带一些朋友来了解藏文化、佛文化。我们始终保持着密切的联系。他讲的一句话我永远都记得：“共产党员是全心全意为人民服务的，而佛家弟子讲普度众生，就是为众生服务的，在这一点上有相通之处。”我认为只有达到一定境界的人，才能说出这样的话。他还教导我们，佛教有2500多年的历史，包含丰富的人生哲学。

大昭寺

作为藏传佛教弟子，要在保护好文化遗产的基础上好好研究、修行，在自己身体力行的基础上去帮助别人，这样才能将释迦牟尼的思想和智慧发扬光大。这对我来说是非常好的教诲和鼓舞。他作为共产党员，一定是不信佛的，但他对佛教很有研究，也有自己的理解，实在是难能可贵。

1994 年，孔繁森（右）和尼玛次仁（左）合影

孔繁森非常平易近人，即使没有工作安排，他也会专门来看我们，给我们带些内地的特产。时间充裕的时候，还会到我们的僧舍里坐一坐，一起喝酥油茶、聊天，一起探讨哲学、佛教，他就像家里的长辈一样亲切，没有一点领导的架子。

今天我们要实现中国梦，要让人民有幸福感和获得感，不能只发展物质文明，还要发展精神文明。孔繁森是援藏干部的榜样、民族团结进步的典范，他给我们留下了宝贵的精神财富。我希望更多的干部学习他、纪念他，将孔繁森精神永远继承和发扬下去，并转化为全心全意为人民服务的实际行动，实实在在地为群众做实事，造福一方百姓。

舍生忘死为人民

口述人：李树起，曾任拉萨市贡嘎县委宣传部副部长

采访组：洪亚彬　刘建国　李菲　郜雪梅

采访日期：2015 年 8 月 5 日

采访地点：聊城

为了工作，　他忽视了自己的健康

我是 1980 年去的西藏，1990 年内调的。孔繁森在拉萨市任副市长期间，我在贡嘎县任县委宣传部副部长。1989 年 11 月 14 日，孔繁森去山南参加会议，路过贡嘎时发生了车祸。我记得很清楚，那天晚上不到 8 点，我开完会回到家刚要吃饭，一个医院的院长来找我，告诉我有个山东老乡出车祸了，情势很危急，让我和他一起去医院帮帮忙。赶到医院之后，我才知道出事的是孔繁森，他的车和一辆正要转弯的手扶拖拉机相撞，翻进了路边刚挖好准备做养鱼池的大坑里。当时，司机张师傅满脸是血，孔繁

森已经昏迷，右眼严重受伤，一直在抢救。

贡嘎县县委书记任义胜、县长索朗都来到了医院，他们对我说：“你们是老乡，这边你多照应一下。”那天夜里，我在医院陪着孔繁森，几乎没合眼。当时我们那里用电是受限的，几个单位轮流使用，但是孔繁森正在抢救的过程中，医院如果停电，后果不堪设想。因为当时没有电话，我只能骑着自行车，到电厂与值班人员沟通，申请给医院持续供电。担心做手术时需要输血，我又找了当地空军部队汽车连的山东老乡，说好了如果需要血源，就组织同籍的战士们来医院献血。后来，我看到几个藏族医生很辛苦，一直忙碌着，就到附近的小门市部叫醒店主，买了几包方便面给他们送过去。

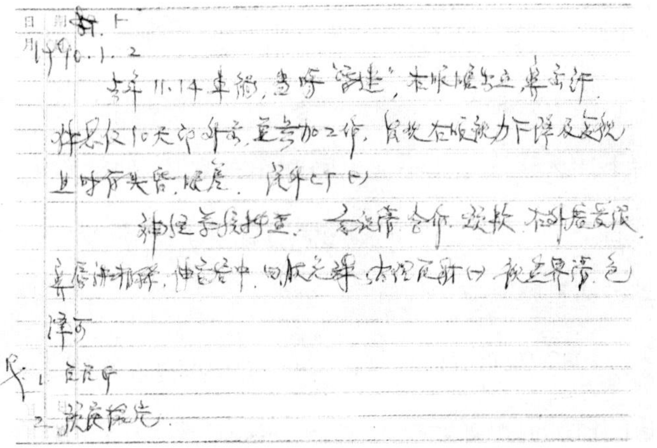

车祸后不久，孔繁森伤情未愈即带队赴内地考察西藏班，此为考察期间他在浙江医科大学附属第二医院①检查时的门诊病历

① 今“浙江大学医学院附属第二医院”（简称“浙大二院”）。

那天，拉萨市卫生局、拉萨市公安局、拉萨市人民医院、山南地区人民医院去了很多专家，但是因为贡嘎县本地的医疗条件比较落后，再加上孔繁森醒了以后说肋骨疼，医生们怕他内脏出血，不敢做手术，只能转到拉萨市人民医院。

再见面的时候，我们聊起车祸的事，他说："那天我急着去参加全区卫生工作会议，本来应该吃完早饭就出发，但我先去了几个学校考察，时间就有点紧张了。为了按时参会，路上开得有点快，加上从贡嘎到山南是砂石路，本来就不好走，刹车都刹不住，这才出了车祸。"我说："你福大命大，幸亏没撞到树上，车掉进去的那个坑里也没有水，不然命就保不住了。"

其实，孔繁森当时并没有恢复好，拉萨市人民医院要求他出院后去上海继续治疗，但他为了不耽误工作，就说自己已经好了，然后在最短时间内返回了工作岗位。我说："不要大意，别留下什么后遗症，不行干脆回山东吧。"他笑着说："你这思想太落后了。"我说："那也不能把命丢了呀。"无论我怎么劝说，孔繁森还是执意坚持工作。

1989 年 11 月 29 日，我在贡嘎机场又碰到了孔繁森，他说眼睛的情况很不好，不得不去上海治疗。现在想起来，很遗憾，其实他的右眼当时伤得很严重，但是错过了最佳治疗时机，留下了成像重影的后遗症。

看到西藏的发展，援藏干部受什么苦都觉得值

我援藏十年，对于那个年代西藏的艰苦程度是深有体会的。那里一年四季都得穿棉袄，因为高寒缺氧，有时候脸都憋得发紫，毫不夸张地说，睡觉的时候都有可能把命丢了。由于气压低，吃饭都成问题，米饭是夹生的，馒头是发黏的，水烧不开，没有新鲜的蔬菜水果，连罐头都是“奢侈品”。电话打不通，只能发电报，如果想给家里寄封信，挂号信 20 天才能收到，平信得 1 个月，和内地就像隔绝了一样。面对这样艰苦的条件，孔繁森仍然服从组织安排，承受着常人难以想象的身体上的痛苦和心理上的煎熬，为西藏的建设、发展和稳定做了大量的工作。

孔繁森（左一）与藏族同胞欢度节日

孔繁森待人接物很有水平，为人很热情，特别是在促进藏汉民族团结、增进藏汉民族之间的感情方面做出了突出贡献。他吃糌粑，喝酥油茶，学藏语……将自己完全融入藏族同胞的生活，与藏族同胞亲如一家。作为一个副市长，能跟老百姓打成一片，也说明他确实是一个关心民众疾苦、践行群众路线的好干部。

在我的心中，孔繁森是一个思想境界很高的人。当时援藏的时限基本是三年，到期就可以回内地了。但是孔繁森服从组织安排，到阿里任地委书记，可以说把命都豁出去了。贡嘎县海拔3700米，我都感觉很不适应，而阿里的平均海拔是4500米以上，真不知道孔繁森是怎么挺过来的。其实这一次，孔繁森就算不去也完全可以理解，因为他已经出色地完成了两次援藏任务，家里还有妻儿老小。而他不但去了，还把工作做得非常扎实、细致，经常深入群众走访调研，为阿里人民做了很多实事，在领导干部中也起到了模范带头作用。他在阿里期间，进行了充分的调查研究，制定了长远的发展规划，为阿里的进一步发展奠定了坚实的基础。在这一点上，我对他非常佩服。

内调之后，我经常关注西藏的发展情况。我了解到，这几年西藏在各方面都取得了历史性的跨越，教育方面的进步尤其显著。看到西藏的发展，我们这些援藏干部就觉得受过的苦都值了。

化作春泥更护花

口述人：姜和良，曾任西藏自治区林芝地区计经委党组书记

采访组：洪亚彬　刘建国　李菲　赵亮亮

采访日期：2014 年 5 月 26 日

采访地点：临沂

“我会做你们最坚强的后盾！”

我是 1988 年跟孔繁森同一批援藏的山东干部，最初担任的职务是阿里地区措勤县委书记。跟孔繁森相识 6 年多的时间，我觉得他是一个非常细致的人，为同事、下属考虑得非常周全，能把每项工作都安排得很妥当。

当时我们只听说西藏很艰苦，但并不了解具体情况，面对未知就更容易恐惧。为了缓解我们的不安，孔繁森一直找我们谈话。他幽默地说：“大家不要有思想负担，西藏也没你们想的那么可怕，要不然我还能来两次吗？”他还安慰我们，生活条件方

面，只要是他力所能及的，一定会给我们争取。他的劝解，给我们吃了一颗“定心丸”。

他能做到这一点非常不容易，因为他也顶着很大的压力：母亲80多岁了，三个孩子都还小，家属王庆芝身体不好，他自己也已经44岁了。按说他这种家庭情况不具备长期援藏工作的条件，但他的思想很积极，对待工作也很负责。

1990年，孔繁森（右）与姜和良（左）的合影

阿里地区是青藏高原最偏僻、海拔最高，也是当时全国唯一不通电的地方，所以，对我们这几个被分到阿里的同志，他尤为关心。他把我们叫到宿舍里，语重心长地说：“你们去阿里，要做好吃苦的准备。组织上把你们派过去，那是一种信任，有困难就克服困难，有问题就解决问题，大家不要退缩，我会做你们最坚强的后盾！”给我们送行的时候，他给我们买了面包、饮料、

水果、方便面，还一直叮嘱我们，到了阿里之后要互相帮助、团结一心。因为我是几个人里职务最高的，他还专门交代我要照顾好大家。他对我们的关心溢于言表，让我们深受感动。

当时的阿里没通电话，到阿里以后我们给孔繁森发了个电报，向他报了平安，简单说了情况。他很快就给我们回了电报，让我们注意身体，这是第一关，有个好身体才能好好工作。之后，我和同志们在阿里地委所在地狮泉河镇道别，奔赴各自的岗位。

刚到措勤的时候，我满怀信心，热情高涨，为了快速团结同志，我上任的第一时间就分别召集县委班子和县直部门开会，没想到，安排完这一切，我突然病倒了。一天晚上，我下了面条，刷完锅，来到院子里，刚准备把水泼出去，就昏倒了。不知道过了多长时间，我醒过来的时候，人趴在地上，浑身发冷，我试着动了动，发现身上的羽绒服都结冰了，四处看看，才发现锅滚到大门口去了。那一刻，我感到孤立无援、无依无靠，心想自己历尽艰险来到祖国的边疆，还什么都没做，如果这次我没醒来，那不就得埋在这里了吗？那就是死了都回不了家呀！我坐在地上，望着深邃的夜空，想到家乡的亲人，不禁悲从中来。

后来，我到西藏军区总医院住院，孔繁森第二天就来看我。他先去医生那里问了我的情况，医生跟他说："你这个老乡高压185—190，低压140—145，高原性高血压，还有肺淤血，要是再晚来一个星期就没命了。"孔繁森一听这话，激动地说："我没想到你的病这么严重，你现在别的事情都别考虑，配合好医生，把病治好再说，其他的事有我呢。”从那之后，他每个星期天都来看我，还带着水果、罐头等，让我非常感动。

“绝不能占公家一点便宜”

作为拉萨市副市长，孔繁森是有公车的，但他每次去医院看我都是骑自行车。有一次我打趣他：“老孔，你这么大的领导，有车不开，总骑个自行车，不嫌丢人啊?”他说：“星期天是休息时间，司机也可能有自己的事，咱不能耽误人家。再说了，我这又不是公事，怎么能用公车呢?”我们两个都是援藏干部，他是我的带队领导，其实他来看我也算公事。但他就是这样，绝不占公家一点便宜。他的模范做法对我产生了很大的影响，从那之后，我每次出门都想一想这是公事还是私事，能不能用公车。

后来我的病好得差不多了，孔繁森就让我白天到医院打针、拿药，晚上去他家住。他那个房子就是个单身宿舍，很简陋，但就是这个小房间，却是山东援藏干部们最温暖的港湾。他的家门钥匙就放在门框上面，任何人都可以去，家里的东西随意取用。晚上，我们两个大汉挤在一张一米五的床上，床边搭上一个长条凳，我在里面他在外面。我在那里住了八天七夜，那几天我们无话不谈，人生、家庭、工作，尤其对老母亲和家属，他谈得比较多，对家里人非常挂念。另外，他对民族团结非常重视，每当聊起在西藏的工作体会，他强调最多的就是这一点。他说，在西藏工作，把西藏各族人民团结好是重中之重。没有好的氛围，工作是不可能顺利推进的。

高原工作对身体的损耗是相当大的，我在措勤县工作期间患上了高原性高血压、肺淤血等多种病症，还得了耳鸣，一直到现在也没好。后来，组织考虑到我的身体情况，把我调到了自然环境相对好一点的林芝地区，担任计经委党组书记。这期间，我只要去拉萨就去拜访孔繁森，孔繁森来林芝的时候我们也见过。当时，他作为自治区登山协会副主席，去接待一个日本的登山队，我就想尽一下地主之谊，到饭店请他们吃个饭。虽然饭店的档次不高，但也算我的一份心意。可是我刚跟孔繁森提了这个想法，他就拒绝了："如果去饭店吃，这顿饭得花掉你两个月的工资，你日子还过不过了？你经常去我家吃饭，这次好不容易有机会，就去你家，你给我做一顿吧。"最后实在拗不过他，去我家简单凑合了一顿。

孔繁森就是这样，对自己要求非常严格，却事事为别人考虑。还有一次，我家属到西藏来看我，到成都之后买不到机票，就打算"打道回府"了。孔繁森知道后说："那怎么行，都到成都了，不来不是很可惜吗？这次不来，下次能不能来还是个未知数。"他帮忙买了机票，我家属到拉萨之后，他又妥善安排了住宿。我们都很感激他，他为我们考虑得非常周到、细致，是我的好领导、好兄长。

我援藏期满回到临沂之后，孔繁森为了一位援藏同志的工作安置问题来过临沂。因为事情解决得很圆满，他很高兴，在我家吃了一顿饭。我的岳父、岳母跟我一起住，他还专门从西藏给老人捎来两件毛衣。他去世后，我家属非常后悔，总是遗憾当时没有好好地招待他，觉得愧对于他。

“组织已经决定了，我必须服从”

1992 年，自治区党委任命孔繁森担任阿里地委书记的时候，我劝过他，家庭处境困难，工作任务艰巨，自然环境恶劣，生活条件艰苦，身体素质下降……我让他各方面兼顾一下，自治区党委也会考虑实际困难的。当时他没有任何怨言，只是说：“组织已经决定了，我必须服从。”他没有多余的话，也没有什么豪言壮语，而是用平静简短的表述证明了他的坚强党性。

我跟他最后一次见面是他回西藏，我去济南送他，当时他对未来满怀期待，憧憬着回来之后工作怎么干，还说如果有机会，再一起共事。没想到，这是我见他的最后一面，真是太遗憾了。

孔繁森这个人，从工作关系的角度来说，是个好领导、好同志，从个人交往的角度来说，是个好朋友、好兄长，他时时处处都设身处地为对方着想，只要符合原则、符合程序，他都不遗余力地帮助别人。他虽已离去，但他“化作春泥更护花”的奉献精神却永远激励着我们、滋养着我们！

“有益于人民” 的好干部

口述人：张跃峰，山东援藏干部，曾就职于西藏林芝地区税务局

采访组：洪亚彬 刘建国 赵亮亮 刘一星

采访日期：2014 年 7 月 17 日

采访地点：枣庄

在我们心中奏响进藏的壮丽进行曲

和孔繁森第一次见面，是在山东省委、省政府对援藏干部的欢送会上。当时，孔繁森作为我们的带队领导发言：一是介绍西藏的风土人情、民族习惯以及注意事项，包括如何把握政策、如何处理关系等；二是对我们进行一次思想上、认识上的教育，用他的亲身经历和所见所闻，激发我们对这块土地的热爱；三是代表我们整个援藏队伍表态，表示一定会按组织的要求，扎扎实实地尽到服务西藏、建设西藏、贡献西藏的职责。

孔繁森的发言给我留下了深刻而美好的印象。他身上充满正能量，思路清晰、激情洋溢，瞬间打消了大家方方面面的顾虑，让我们明白了为什么要去援藏，去了该如何开展工作，在队伍里引起了强烈的反响。从那时起，我觉得这个领导非常不简单，他身上有着坚定的政治信念、忘我的奉献精神以及高超的群众工作能力。聆听这次发言，可以说是我人生中难忘的记忆之一，他在我们每个人的心中都奏响了进藏的壮丽进行曲。

到达拉萨后，孔繁森（前排右一）与山东援藏干部一起参加培训，培训完毕后于 1988 年 10 月 31 日合影

对每个人都关怀备至的老大哥

我们从济南出发，坐几十个小时的火车到成都，在成都短暂休整了几天。这个过程中，我对孔繁森同志的认识进一步加深。

他和蔼可亲、平易近人，像老大哥一样，对每位同志都关怀备至。我们乘坐卧铺，空间狭小，虽然能互相走动聊聊天，但住得不舒适，饮食口味也不习惯。孔繁森作为带队领导，不时走过来，给同志们掖掖被角，关心一下大家肠胃舒服不舒服，这些细微之处彰显着他的人格魅力。在成都休整的时候，因为饭菜偏辣，大家不适应，孔繁森专门与餐厅相关人员协调，请他们多照顾一下山东人的口味。孔繁森在各个方面都考虑得非常周到，的确让人钦佩。他高大伟岸的形象，都是生活中的点点滴滴聚集起来的。

从成都到拉萨我们乘坐飞机，抵达贡嘎机场后换乘中巴，去往西藏自治区招待所。那时，我们援藏的生活用品大都是自带，行李特别多，每人至少两三个箱子，用卡车拉过去。到了以后，我们需要先把行李卸下来，再按照各自房间分配。如果所有人都是一哄而上地抢着干，没有规矩没有次序，容易忙中出错。孔繁森同志在现场有条不紊地指挥大家，有的从车上往下搬，有的在下面接，所有行李很快就卸完了。无论工作复杂或简单，孔繁森同志都一如既往地认真负责。

终身学习的榜样

到西藏以后，大家被分配到各个岗位，有去市直单位的，也有去地区的，我被分到了林芝。孔繁森在拉萨，我们不经常见面，但也经常听人说起他的事迹。他始终保持着坚定的政治信念，这是支配他一切思想行为的动因。因为他的政治水平、政治觉悟、政治敏锐性一直很高，才能坚持不懈，不断做出成绩和贡献。同时，他有着无私奉献的大爱之心，他下基层给老阿妈暖脚，带着药箱自己掏钱给群众看病，自己抚养孤儿。他能够把自己的工作看成自己应尽的职责，把西藏的人民、西藏的工作、西藏的事业都用爱这种境界来升华，这是普通人很难达到的。他还有着清正廉洁的优良作风，不拿群众一针一线，还将自己的工资用于救助帮扶困难群体，这种胸怀值得我们学习。

我从林芝回山东以后，1991 年年底或 1992 年年初，孔繁森到枣庄来看望过我一次。他没有惊动市领导，也嘱咐我千万不要搞复杂的接待，就在我家里吃了一顿简单的便饭。我家的房子并不大，他和我还有我的父母、爱人围坐在桌子旁，就像一家人一样。我父亲很关心西藏的建设情况和风土人情，孔繁森就在聊天中悉心向他介绍。他作为领导，这么大老远来看望我们，我心里特别感动，老人也得到了慰藉。

一个人无论做什么工作，只有不断积累、扎扎实实地做出贡献来，才能成为毛主席所说的“有益于人民”的人。对我而言，每一次回忆孔繁森，都是自我境界的提高，他确实是一位“有益于人民”的好干部。他的一些事迹看似很平常，但其中凝聚着对党的事业的无限忠诚，也包含着对人民无限的爱。我们相信在党的领导下，中国会涌现出千千万万个孔繁森式的优秀领导干部。

一面旗帜，永远在心中飘扬

口述人：段谋夏，曾任西藏自治区商业厅会计

采访组：洪亚彬　刘建国　李菲

采访日期：2014 年 5 月 8 日

采访地点：济南

1988 年 10 月，山东省 32 名援藏干部赴藏，我是其中之一。孔繁森是我们的带队领导，他不仅是我们工作上学习的好榜样，也是我们所有人的“好大叔”“好大哥”。在西藏期间，我们得到了他无微不至的关心和爱护。

他鼓励我们勇往直前

当时，我们先坐火车到了成都，在成都休整一周后，于 10 月 26 日乘飞机进了拉萨。落地山南地区贡嘎机场后，同行队友都出现了不同程度的高原反应，再看到当地恶劣的自然环境，我们的

心都凉了，有点儿不知所措，不知道以后的日子该怎么熬。

看到大家情绪低落、意志消沉，孔繁森非常忧心。虽然他也出现了高原反应，但他忍受着身体的不适，承担起带队领导的责任。那段时间，他不停地找每个人谈心谈话，从精神上给我们“壮胆”。他说：“你们都是组织派到西藏来支援建设的，这是党对我们的信任。虽然西藏自然环境比较艰苦，条件也很落后，但我们有党的坚强领导，一定不会被它打败！从另一个角度说，也正因如此，各项工作才大有可为，你们的能力才不会被忽视，安心地奔赴各自的岗位吧！我们是老乡，以后你们无论是谁、无论遇到任何困难，都可以来找我，我会竭尽全力为大家提供帮助。”一番话说得我们热血沸腾。几天后，我们的高原反应有所缓解，在孔繁森的鼓励下，大家又充满了斗志。

1989 年 5 月 4 日，孔繁森（左）和段谋夏（右）合影

孔繁森非常善于做思想工作，他积极的工作态度、乐观向上的精神，对我产生了非常深远的影响。他去世之后，我经常想到他、梦到他，特别是在我遇到困难、心态不好的时候，我就想，如果他还在，他会怎么开导我。

他教会我们热爱人民

孔繁森第一次援藏担任岗巴县委副书记时，有一次下乡检查工作，从马上摔下来，伤得很严重。当地群众用自制的担架轮流抬着他，把他送到医院，他才转危为安。从那之后，他时常念叨这么一句话："我的这条命是西藏人民捡回来的。西藏的老人就是我的老人，西藏的孩子就是我的孩子，我要用实际行动报答西藏人民对我的救命之恩。"他担任拉萨市副市长期间，曾专程到岗巴去看望那里的老百姓。他对西藏人民生活的艰辛感同身受，从内心深处疼惜他们。

无论身处哪个工作岗位，孔繁森总不忘去敬老院看望孤寡老人。他的钱都实实在在地捐给了老百姓，以致他常常身无分文。

1989 年 11 月，孔繁森在乘车下乡途中发生车祸，造成了严重的脑震荡、颅底骨折。大家听说之后，买上水果、补品到医院看望他。他告诉我："一定要记住谁来看过我，买了什么东西，出院以后，我再把东西给人家送回去。"但在当时那种情况下，他昏迷不醒、刚抢救过来，来看望的人也都三五结队，人太多，根本记不过来。几天后，他的伤情未愈，就因为记挂着工作，坚决要求出院。市政府的车来接他，他把大家送的东西都装上车，送给了敬老院和家庭困难的西藏老乡。

在西藏，山东援藏干部树立了良好的威信，口碑非常好，这和孔繁森热爱人民的态度是分不开的。他一心一意地为西藏老百姓服务，以实际行动践行着自己说过的话，践行着一个共产党员的庄严承诺。

他鞭策我们敬业奉献

孔繁森在工作中任劳任怨，他身上体现了共产党员的高尚品格和责任感。他曾经跟我说："共产党员就是一块砖，哪里需要就哪里搬。今天搬到大楼上，但大楼早晚要拆迁，明天可能就搬到仓库里去了。所以每个人都要放平心态，在大楼上也别太得意，在仓库里也不要灰心丧气。无论在什么岗位上，都要干好本职工作。"

当时的西藏非常闭塞，要联系家人是非常困难的，我们这些援藏干部思乡日甚，有些人就找各种借口回家看一看，但从来没有听孔市长说过要回家，他把对家人的爱和思念都深埋在心底。有一次，孔市长跟家里约好半夜两三点钟打电话，想跟老母亲说几句话。电话接通后，他非常激动，听到老母亲的声音，眼泪就扑簌簌地流下来，他声音颤抖地说："娘，儿子想您啊！您好不好啊？身体怎么样？娘，等过年的时候我就回家看您。”其实，当时老人已经有点儿糊涂了，也许正因如此，这个向来报喜不报忧的山东大汉，才敢肆意地对老母亲表达自己的思念之情。王姨（王庆芝）接过电话，他又体贴地说：“庆芝，这个家多亏有你，你把咱娘和孩子们都照顾得很好，你的付出我都记在心里。我在这边什么都好，你放心，不用记挂我。”直到通话结束，孔书记的眼泪还在流，我们在一旁看着也很难受。

当陪伴家人与服务人民只能二选一时，他选择把对家人的爱揣在心里，将自己的一生奉献给党和人民。不是他不爱家、不爱亲人，只是他坚定地承担起了一个优秀共产党员的义务和责任。

他教育我们勤俭朴实

孔繁森自己的事情从来不用别人插手，任何事都是亲力亲为。记得有一个星期天，我到他那里去，当时他下乡了，我就在家里帮他洗衣服、刷鞋。回来以后他就教育我：“自己的事情要自己干，我的东西我自己收拾，你不用管。你看你刷的这双鞋，都没刷干净。”这看似是批评我，其实就是不想麻烦别人。

孔繁森对自己要求非常严格，从来不允许有一丝一毫的浪费。家里的水果，他都是下乡时拿给孤寡老人或困难群众，有时候实在没时间去，水果一直放着他都不舍得吃，直到东西坏了，他才赶紧吃掉。他常常操着家乡口音说："吃了不疼瞎（浪费）了疼。"他的生活作风也深深地影响着我们。

因为我见证了孔繁森在西藏真实的生活和工作状态，所以我了解他、心疼他、崇拜他、怀念他。他善良、热情、积极、乐观，像一面旗帜，永远飘扬在我们心中。

心中有爱　心中有情　心中有责

口述人：张玉明，曾任西藏自治区招待所总经理

采访组：洪亚彬　刘建国　李菲

采访日期：2014 年 4 月 22 日

采访地点：滨州

爱人胜己似暖阳

孔繁森担任拉萨市副市长期间，我担任西藏自治区招待所总经理，孔繁森带领山东援藏干部来的时候，是我接待的，因为他们即将奔赴新的工作岗位，我便请他们一起吃饭，结识了孔繁森。

孔繁森在家排行老三，这一批援藏干部基本上都称呼孔繁森“三哥”。孔繁森爱交朋友，家里经常有客人来。援藏干部们一到周末都喜欢去他那里聚会，他常常打电话叫我一起参加，我们也逐渐熟悉起来。

他在拉萨时住的地方离我们招待所不远，有一次我去看他，一进门发现屋里有几个武警战士，孔繁森介绍，西藏的条件很艰苦，有些武警战士在门岗上执勤完毕后赶不上吃饭，他就把钥匙直接交给了他们，让他们饿了到家里弄点吃的，渴了就到家里烧水喝。

虽然这只是件小事，但对我触动很大，我心里想，孔繁森来的时间不长，但已经和干部群众打成一片，而且他处处为别人考虑，完全是一个暖心“老大哥”的形象。

1991 年，孔繁森回山东探亲期间到滨州看望张玉明，并在孙武塑像前留影

他为人处世特别细心，能关注到每个人的细微情绪。山东男人性格偏粗犷，而他能够细致入微，非常不容易。但他对自己又总是特别“粗”，经常忘了吃饭，忘了喝水，忘了自己的身体……

孔繁森在拉萨期间住的房子很小，基本的设施设备都不完善，有时候他会带着自己收养的两个孤儿来我这儿，借地方给两个孩子洗澡。他在澡盆里放上水，试好水温，亲自给孩子们搓洗，再擦干净抱出来，放到外面床上包好，然后给他们穿上衣服。这种耐心与细心，一般人真是难以做到。我问他：“你已经够累的了，再带着两个孩子怎么办呢？”他却简单说了一句：“孩子们很可怜。”

当时我不知道他献血换取营养费的事情，如果知道了，说良心话，怎么也不忍心让他去啊……

然而，他就是这么个人，从来没见他忧愁过，每天都是笑呵呵的，非常乐观向上。和他在一起，感觉他就像太阳一样，温暖着每个人。

投桃报李知感恩

二十世纪七八十年代的拉萨，因为地理环境的原因，日常生活非常艰苦。饭店很少，在家做饭，不管面条、米饭还是饺子，都得用高压锅，新鲜蔬菜基本是供不应求，经常出现“有钱人吃菜、没钱人吃肉”的现象。有时休假回家，我会带回来一把蒜薹、一小把韭黄，这就是很好的食物了，如果再能有两个茄子，那都是高档蔬菜了。每当这个时候，我都会邀请孔繁森来家里做客，而他为了表示感谢，都是把围裙一围，亲自下厨做饭，无论炖菜、炒菜，他都很拿手，不一会儿几个菜就上桌了。

有一次，孔繁森的妻子王庆芝和小女儿孔玲来拉萨，但孔繁森天天外出调研、考察，根本没有时间照顾她们。好在他的住处离我们招待所不远，我爱人就经常去送点吃的、用的，照应一下。1991 年秋天，他专程来滨州的家里看望我们，住了两个晚上，还送给我们一块手表，他说："在拉萨，我家属、孩子去的时候，你对我们照顾很多，真是很不容易，非常感谢。"我爱人说："老孔你真有意思呢，还带块表来干啥，你来看看我们，我们就很高兴了。"但他坚持让我们收下。那块表，我们一直珍藏着，已经 20 多年了，没舍得戴过。后来，我把它捐赠给孔繁森同志纪念馆，让更多的人去了解一个真实的"三哥"。

坚持原则不动摇

有一件事，在我心里憋了 20 多年了。

那一年，我家亲戚的孩子准备考学，正好当时孔繁森分管文教工作，我爱人知道这个孩子学习不好，担心他考不上，就去找孔繁森商量，想让他给电力技校批个条子，让孩子能顺利上学。原本想着跟他都那么熟了，他能给安排了，可他一口就拒绝了。孔繁森说："让他自己考，不逼他一把，他自己能考上吗?"因为这个事，我爱人生他好几年气，抱怨他不讲人情，一点儿面子都不给，甚至有一段时间不接孔繁森的电话，埋怨他不办事。

结果，这个孩子破釜沉舟，经过努力，凭借自己的真本事考到了电力技校。后来孩子告诉我们，孔伯伯每次到他们学校考察，都专门去看他，还教育他说："上学不容易，要好好学习。"现在回过头来想想，孔繁森做得对，如果大家都走后门，那考试就没有公平可言，也就没有任何意义了。再者说，不逼孩子一把，孩子不会那么奋力拼搏，也发挥不出自己的潜力。孔繁森在原则问题上坚定自己的立场，不是不讲人情。

舍家为国守初心

孔繁森去阿里这个事，我曾经专门问过自治区党委的热地书记："书记你怎么又把孔繁森留下了？"他说："工作需要嘛。"我知道当时孔繁森家里的情况，老母亲已经90多岁了，他自己的三个孩子年龄都还小，爱人王庆芝身体也不好，我就跟热地书记说："你不该留人家了，人家家里上有老下有小，还让人家去阿里这么艰苦的地方。"热地书记说："孔繁森这人很有能力，我们也想通过他把阿里的事业往前进一步，工作好开展。"

后来，在一起吃饭的时候，我问孔繁森："你怎么忍心不回家，又选择留在西藏了呢？"他说："我是共产党员，组织决定了，我就一定服从组织安排。"当时孔繁森唱了一首他喜欢的歌曲《说句心里话》，那天，他边唱边流泪，也带给我很大的触动。

孔繁森给我的印象是：他不管到哪里，都能跟人民群众打成一片。不管领导干部，还是平民百姓，他都能平等对待，而且他服从组织安排，不忘初心，踏实肯干。我非常荣幸曾经和孔繁森相识，他的精神一直影响着我。我也相信，他的大爱与责任感，一定会影响更多的人。

（本篇部分内容来自张玉明的爱人丁凯华）

“无论谁有困难，他都乐于帮助”

口述人：郑亚男，援藏干部邵传寅夫人

采访组：刘建国　洪亚彬　赵亮亮　郜雪梅

采访日期：2018 年 9 月 18 日

采访地点：曲阜

我先生邵传寅是 1988 年和孔繁森同一批援藏的，他当时被分到阿里地区任札达县委副书记。提起这些回忆我很难过，因为传寅和孔繁森都已经去世了。

“他让人觉得心中有依靠”

1989 年年末 1990 年年初，我有幸结识了孔繁森。那是传寅回乡休假期间，孔市长作为援藏干部的带队队长来家访。第一次见他，我觉得他亲切、朴实，待人热情，虽然级别比我们高，但完全没有架子。后来我们也到聊城看望了他和家人，慢慢地就熟悉起来。

1990年，传寅代表札达县到拉萨跑项目，我跟着他去了。当时阿里驻拉萨办事处的条件比较差，住宿不方便，孔市长就让我们在他家里住，这一住就是一个多月。通过近距离的接触，我对孔市长有了进一步的了解，他的待人接物、言行举止都令我非常佩服。不止一次有人问我："你先生和孔繁森一起工作，你对孔繁森有什么看法?"我说："孔繁森这个人，我确实很崇拜他。"用现在小青年的话说，我是他的"忠实粉丝"。在援藏干部和家属中间，他起到桥梁纽带的作用，让我们这些在外的山东人感到家乡的温暖，确实是我们学习的榜样。

1990年，孔繁森（右）和邵传寅（左）在布达拉宫前留影

西藏的生活条件比内地差很多，我举一个自己亲身经历的例子吧。孔市长在拉萨的住所在二楼，有一次晚上下了大雨，我们

早上起来发现楼梯被冲垮了，连楼都下不去了。但是在这样的生活条件下，他还是坚守西藏，不但在自己的岗位上履职尽责，还热情地关心周围的同志。好不容易有机会回山东探亲，他还想着把援藏干部和家属挨个看望一遍，确实是值得我们学习的榜样。

我印象最深刻的就是孔市长和蔼可亲的态度和他极强的凝聚力。工作之余，他能把在拉萨的山东援藏干部都聚在一起，让大家感到有组织、有领导、有家乡的关照。他不光对山东人这样，对少数民族群众、武警战士都是这样。他的小家就像宾馆一样，总是收拾得干干净净、利利索索，钥匙就放在门框上，谁来了都可以开门。一到周末，小青年们都来做饭、吃饭，觉得在他这里能找到依靠。

"他不顾自己的安危，却把别人放在心上"

那年我们到拉萨的时候，孔市长车祸后眼伤未愈，但他不顾自己的病痛，在传寅高原反应严重的时候，第一时间帮我们联络了西藏军区总医院，让传寅住院治疗。住院期间，他几乎每天都来探望，送给我们不少藏药，还有在高原上被视为稀罕物的水果和罐头，鼓励传寅养好身体，继续努力工作。

传寅在札达县做了不少工作，比如推行承包责任制、建水电站等，可以说也是受到了孔市长的鼓励。后来，因为传寅的身体实在无法支撑在高原工作，组织上让他返回济宁，任邹县（今邹城市）副县长。孔市长仍留在西藏，1992 年年底调任阿里地委书记。传寅在札达工作过，我深知阿里地区的条件艰苦，所以我佩服孔市长，他的承受力太强了。

1994 年，孔市长到邹城市家中看望我们。当时传寅已经调任济宁市地矿局副局长，我还没有搬走，就跟孔市长讲了讲我们的工作、生活情况。孔市长一如既往地关心我们，还给我们带了藏红花等药品。我没想到这一别竟成永诀。没多久，传寅接到消息说孔市长因公殉职了，他当时都蒙了，觉得不可能，怀疑是误传。直到聊城地区来了信，我们才不得不接受这个令人悲痛的事实。

孔市长对待同志像春天般温暖。大家都说："每逢有困难的时候，就想起孔繁森。"无论谁有困难，他都会无私地伸出援助之手。直到今天，想起孔市长，我心中依然充满感恩之情，他的楷模精神也永远激励着我。

“他是党的人，一生忠于党”

口述人：吴学忠，曾任西藏自治区那曲地区税务局副局长

采访组：洪亚彬　刘建国　李菲　赵亮亮

采访时间：2014 年 5 月 27 日

采访地点：泰安

对党忠诚　不负人民

根据中组部的要求，1988 年，山东省 32 名同志赴西藏工作。我们 10 月 18 日在济南集合，第二天，孔繁森同志作为曾经援藏的老同志和此次进藏的带队队长，给我们介绍了西藏的工作情况。同时，省委副书记、省长姜春云，省政府副省长李春亭，省委常委、组织部部长张全景分别做了重要讲话，为我们赴西藏工作鼓足了信心和勇气。

我们于 10 月 21 日离开山东，10 月 26 日抵达拉萨。到拉萨以后，发现那里确实和想象中的不一样，部分同志一下飞机就像喝醉

酒一样，感觉头重脚轻，好像脚下踩着海绵。坐车去宾馆的路上，有些同志头晕呕吐，特别是年龄稍微大点的同志反应更强烈。

在西藏工作生活是真的苦。首先，物资都是从内地运过来的，价格较贵，尤其是蔬菜比较紧缺。其次，气温低，冬天没有暖气，冻得腿疼，值班外出巡逻时，双腿都快麻木了，牛粪炉子一旦停火，烧水产生的水蒸气就会在墙上凝成霜，晚上睡觉像在冰库里一样。再次，存在语言障碍，机关单位的藏族干部能听懂点汉语，但藏族群众根本不知道我们说的什么。工作中，我们时常要找翻译，文化差异带来的心理压力比较大。

1990 年，孔繁森（右）看望探亲归来的吴学忠，并献上哈达

所以，孔市长敢于选择第二次援藏，他付出的艰辛和努力是很难想象的。从见到孔市长的一刻起我就从心里佩服他，他这个人就是党的人，他对党有着无限的忠诚。

1979 年，孔繁森坐着卡车从格尔木通过唐古拉山，从那曲到拉萨，从拉萨又到日喀则。刚抵达拉萨，就有同志因为强烈的高原反应直接住进了医院，又回了内地。面对困难，孔市长原本被分配到日喀则地委任宣传部副部长，却毫不犹豫地接受组织安排，去了更为艰苦的岗巴县担任县委副书记兼县检察院检察长。

1981 年，孔繁森第一次援藏期满返回聊城。1988 年，孔繁森选择了第二次援藏。当时，他爱人身体不好，母亲年近九十岁，三个孩子都在上学。他舍小家、为大家，选择了为西藏的发展奉献自己。一到拉萨，他就下基层调研。拉萨市周边没有柏油路，然而，不管多么艰难，他都到群众家里走访慰问。孔繁森这种境界、这种干劲、这种勇气，是常人难以企及的。

孔市长无论对上级、平级还是下属，都无微不至地关怀。他不仅孝敬自己的老人，还孝敬所有的老人。两次进藏，他无法在老母亲身边尽孝，却把这份情用在了藏族群众身上。

有一次，自治区党委组织部的同志带领我们了解西藏的人文概况。在八廓街，有些老太太和孩子围着我们要钱，我们一时搞不清楚什么状况，有些不知所措。只见孔市长掏出钱来一个个地分给他们，还用藏语亲切地和他们聊天，见了老人就叫“姆拉（阿妈)”。他们非常高兴，都竖着大拇指说“本不拉”。我问：“‘本不拉’是什么意思?”孔市长说：“‘本不拉’就是大官、干部的意思。”

受高原生活条件和饮食习惯限制，西藏的老年人大都身体不是很好，多数在六七十岁时就比较显老。饮食方面，由于蔬菜匮乏，普遍只吃肉不吃青菜，缺乏维生素，很多人牙齿都掉光了。穿着方面，由于不经常洗澡、洗衣服，多数老人身上脏兮兮的，但是孔市长从来不嫌弃他们，他每到一家就跟他们握手，还给老人收拾衣服、叠被子，这都是一般人做不到的。

不管是在拉萨还是在阿里，孔市长都是挨个村庄转，对老百姓嘘寒问暖。他经常接济百姓，如果身上没有钱，他借钱也要救济老百姓。他没有攒下物质的财富，却赢得了老百姓的爱戴。

乐观向上　抚慰人心

我那时在那曲工作。那曲平均海拔4500米以上，因为高寒缺氧，当地一棵树都没有，草也长得很矮，只能用牛粪做燃料。从草原上捡来的牛粪一车可以卖二三百元，而我们那时候每月的工资还不到一百元。由于温度低，所有的水井都是在室内，水井井台子有多高，冰就有多高。我就曾经在井边的冰上滑倒，摔伤了腿，可以说条件相当艰苦。

每次我出差到拉萨，孔市长都让我住在他宿舍里，不让我住宾馆。他说："我有两床被子，一人一床就行了，上宾馆还得花钱，住到我这里又省钱还能拉拉呱儿，我也了解了解你那里的情况。"孔市长的宿舍有30平方米左右，我们挤在一张床上睡。孔市长在单位人缘好，经常和我们这些老乡一起包水饺吃。有时候人多，饺子不够吃，他就吃馒头、米饭，把饺子留给我们。

我们和他在一起都很开心，边吃饭边聊工作。孔市长一看见我们工作压力大，或者想家情绪低落，就给我们唱歌，让大家一起跟着唱，鼓舞士气、振奋精神。孔市长非常乐观，好像成天没愁事似的。说实话，孔市长要是愁眉苦脸的，我们在那里就更没有信心了，他的乐观主义精神对我们来说是一种精神安慰。

1990 年初，我的同事去拉萨出差，孔市长专门让他们给我捎回来几个苹果，里面写了张纸条，大体意思就是，多日不见非常想念，最近工作情况怎么样，都是些问候的话。那时的那曲条件很苦，基本见不着苹果。孔市长工作这么忙，还能时时刻刻想到同志们。虽然这份礼物不重，但情谊重，我收到后特别感动。

这样的事孔市长做的很多。我在拉萨和孔市长一块儿去别人家串门，每次他都带东西。他并不是去送礼，因为他不去领导那里，而是去一般同志那里。1991 年我爱人去西藏，他也专门去宾馆看望，我爱人非常感动。

我知道孔市长去世的消息以后，心里很疼。那时候他的大女儿孔静才刚成家，家中还有老母亲，全家的重担全都压在庆芝嫂子一个人身上，日子的艰难程度可想而知。他去世以后，每年清明节和他的忌日我都去祭拜，连着去了十六七年。后来庆芝嫂子劝我说，一年去两次太辛苦了，就改成了每年忌日去一次。

总而言之，孔市长这个人不愧为党员领导干部的楷模。新时期，我们更应该弘扬孔繁森精神，号召全国的党员干部都向他学习，为国家兴旺、民族复兴凝聚力量。

德才兼备 后世表率

口述人：杨从彪，曾任拉萨晚报社记者

采访组：刘建国 赵亮亮 郜雪梅

采访日期：2019 年 3 月 4 日

采访地点：重庆

时光荏苒，孔市长离开我们已 20 多个年头了。他的名字无时无刻不在我耳边回响，他的音容笑貌无时无刻不在我脑海中闪现，我们这些曾与孔市长一起工作、生活的“老西藏”，永远无法忘怀他在拉萨的一千多个日日夜夜。

教育工作者的良师

孔市长当时在拉萨分管文教工作，他经常到拉萨市教体委去，多数情况是步行，不坐车。他说坐车还要麻烦驾驶员，不方便。他经常和教体委主任张荣扬一起下乡，走了拉萨市 8 个县

(区)一大半农牧区小学。在教育工作上，他说："我不如张主任内行，但是我会虚心向内行学习。"他对人特别和蔼可亲，无论老少，他都会打招呼。他亲自下乡抓教育，从不夸夸其谈、居高临下，而是先听下面的教师汇报情况，最后才做总结发言，时时刻刻保持着学习者的姿态，非常谦卑低调。他全情投入、踏踏实实扑下身子干工作。我们都认为他抓工作抓得很好。

孔市长对教育系统的干部和师生都十分关心。有一次教体委有一位干部因车祸导致肝破裂，被送进西藏军区总医院，孔市长知道后，立即放下手头的工作去看他，亲自找到已经下班回家的医生老乡主持抢救工作，还专门买来营养品送到医院。他从晚上6点一直忙到次日凌晨，直到伤员脱离危险，他才离开医院。这个干部后来调到湖北农学院荆州分院任党委书记，也为教育事业做了很多的贡献。他一提起这段往事就唏嘘不已："要不是孔市长，我早已不在人世了!"

新闻、文艺工作者的挚友

当时我从事新闻宣传工作。这项工作因覆盖面广、时效性强、责任重，工作中出现一点儿小错就容易挨批评，比如哪条消息的来源没有写清楚，哪个领导的位置拍错了……做对了，是理所应当的；做错了，领导就毫不留情地批评。有时候，心里很委屈，也很无奈。

孔市长和别的领导不一样，他特别体谅我们工作的难处，也特别能给我们鼓励和信心。我们晚报成立五周年的时候，举行了一场大型的庆祝会。当时孔市长也来了，在会上他对晚报的新闻工作大加赞扬，让我们的精神为之一振。讲话时，他没有坐在主席台上，而是和记者、通讯员坐在一起，非常贴心地与我们谈话聊天。《广州日报》还专门报道了孔市长关心新闻工作者的长者之风。

后来我从报社调到文联工作。当时文联有位画家，叫李知宝，孔市长在任的时候，对李知宝是非常关心的。一次孔市长陪同自治区领导去看西藏美展，自治区领导走到李知宝的画前，驻足不动，一边看一边说："画得好，画得好。"趁领导欣赏画的时候，孔市长找到李知宝，拉着他的手，走到自治区领导面前，介绍说："他就叫李知宝，我们拉萨的美术家，西藏的著名画家。"李知宝听了之后颇为不好意思，自治区领导非常高兴，赞不绝口。

有一次，孔市长打电话让李知宝去他家一趟，李知宝以为有什么重大任务要交给他去完成，就立即去了。孔市长笑容满面地对他说："没有别的意思，就是请你过来吃我们的山东水饺。"李知宝如释重负。交谈中，孔市长发现李知宝的眼睛有些红肿，关切地说："高原阳光强烈，紫外线也很强，容易伤眼，我送你一副墨镜，保护眼睛。"李知宝很感激。孔市长说："你们画家很辛苦，要注意休息，保重身体。"临走时，孔市长还给了李知宝一支钢笔，勉励他好好画画，多出好作品。室外大雨刚过，李知宝的自行车被雨淋湿了，孔市长掏出手绢把自行车坐垫上的雨水擦得干干净净。

后来李知宝担任拉萨市文联主席，绘画事业也发展得越来越好，在全国和省级画展中多次获大奖，如今在国际上都享有盛誉。对孔市长当年的知遇之恩，他始终非常感激。他曾对我说起，孔市长调任阿里以后，拉萨有十几个美术工作者到阿里去采风，孔市长热情款待，为大家接风洗尘，就像见到亲人一样。

我们文联还有一位藏族干部，他 50 多岁的时候到林周县下乡，为老百姓做了不少好事，孔市长听说以后非常感动，特意给他和另一位年龄超过 50 岁的文联干部一人送了一株灵芝，以表示对老同志的尊敬。我们后来追思孔市长的时候，这位藏族干部专门把珍藏在家里的灵芝拿来，说："这就是当时孔市长送给我们的灵芝。"孔市长尊重文化传媒工作者、尊重艺术家，他是我们共同的挚友。

部队官兵心中的丰碑

孔市长对部队有着深厚的感情。当时拉萨市委、市政府在一个地方办公。一天深夜，孔市长外出归来，路经市委大门，他叫司机停车，下车看望执勤的哨兵。战士和他很熟悉，便向他敬礼。来到战士身边，他见战士没精打采，满面倦容，便伸手摸了摸战士的额头，着急地问："哎呀，好烫，你怎么不休息?"战士说："中队人手少，我……"孔市长被战士的敬业精神深深地打动了，立刻安排人手把他替换下来，又把他请到自己家里，拿出药来，倒上开水，等战士吃完药，又拿出自己的大衣，为他披上。

1991 年深冬，10 多名新兵被分配到警卫市委的武警中队。因为他们来得太晚，就在办公楼的廊道上打地铺过夜。夜晚冷风飕飕，寒气逼人，孔繁森专程来看望新兵，看见战士们睡在廊道上，心里很不是滋味儿。他把大家叫起来，让战士们到他家里去睡。大家都不愿意打扰他休息，迟迟不肯起来。孔繁森命令道："拿上被褥，跟我走！"中队领导怕影响孔市长的工作和休息，也不同意。孔繁森说："战士们初来乍到，冻感冒了咋办？你能负责吗？"他们实在拗不过孔市长，就跟着去了他家。屋子不到 40 平方米，大家一齐动手，把桌子搬进厨房，把书柜挪到屋角，然后展开被褥，整个小屋子铺得满满的，战士们睡了一个香甜的好觉。孔繁森的小屋子温暖了新战士的心。

1991 年 5 月，孔繁森（左四）和驻拉萨市人民政府的武警战士在一起

人们开玩笑说："孔市长的家都成了我们的医务室了。"只要是官兵急需的药，不管多贵，孔市长都自己掏钱买来送给他们。他说："不要把钱看得太重，人的名誉、人格、感情，是无价的，是用金钱买不来的。"

胡锦涛同志在《全党都来学习孔繁森》一文中写道："学习孔繁森，造就千千万万个德才兼备的优秀领导干部，是事业的要求，时代的呼唤，人民的期盼。"① 孔繁森已离我们而去，但他又时时刻刻在我们身边。他永远是后世人们学习的榜样。

---

① 出自中共中央组织部研究室编《领导干部的楷模——孔繁森》Ⅳ页，胡锦涛同志序《全党都来学习孔繁森》，党建读物出版社1995年版。

一片丹心献高原

口述人：赵维东，曾任山东省教育厅学校生产供应管理处处长，1990 年山东省援藏教师队队长

采访组：刘建国　赵亮亮　郜雪梅

采访日期：2018 年 11 月 2 日

采访地点：济南

我和孔繁森相识，是在带领山东省第六批援藏教师赴日喀则地区执行援藏任务期间，和孔繁森同志的三次接触，给我留下了深刻的印象。现在看，他“一个共产党员爱的最高境界是爱人民”的奉献精神和习近平总书记倡导的是完全吻合的，他把自己的大好年华和宝贵生命献给了祖国边疆，把一颗赤诚的心献给了党和人民。

进藏后认识的第一个山东人

我们第一次见面，是在日喀则地区行署驻拉萨办事处。1990

年8月16日下午1点多，我带领30名援藏教师抵达目的地，那天天气很热，太阳也很毒，一下飞机我们都非常难受，头疼、恶心、呕吐，有的老师把胆汁都吐出来了。去了餐厅，我们看到饭菜都没有胃口，回到招待所各自躺下，却又头痛欲裂，无法入眠，闭着眼头晕目眩，虽然是躺在床上，感觉却像躺在山坡上往下滚。

迷迷糊糊中听说拉萨市副市长来了，我起床去迎接，看到从一辆越野吉普车上下来一位中年干部，他穿着一身灰色的旧西服，戴着一顶浅咖色的礼帽，脸型圆中有方，面色黑里透红，淡淡的眉毛下眼睛炯炯有神，乍一看像个藏族大哥。后来听人介绍，才知道他就是已经两次援藏的山东老乡孔繁森，他也是我们到西藏后认识的第一个山东人。他来到宿舍里，握着我的手说："听说山东的教师来了，非常欢迎，以后我们就是援藏战友了。"坐下以后，他问援藏教师的情况怎么样，我就简单向他做了汇报。

他依次到每个房间看望援藏教师，又向我们介绍了一些西藏的基本情况，然后深有体会地说："到西藏以后，援藏教师一定要过好四关。第一是生活环境关，因为海拔比较高，昼夜温差比较大，你们一定要坚持。我刚来的时候也这样，慢慢会适应的。第二是语言关，要注意学习这里的语言，这样有利于和西藏群众接触交流、搞好关系。第三是政治思想关，这是个大问题，要学习熟悉党中央制定的民族政策，说话办事一定要考虑西藏群众的特点，尊重西藏人民群众的生活习惯，主动和他们交流。第四是工作关，我们是来援藏，不能有优越感，一定和西藏群众搞好团结，密切协作，这样才能完成任务。”

他强调，生活上要适应西藏的气候和生活习惯，这里吃牛羊肉比较多，还吃糌粑、喝酥油茶，让我们学会适应。另外他特别强调，一定不要犯错误，不能有赌博等不良行为。他还鼓励教师们一定要坚持，不能还没到目的地就打退堂鼓。在远离家乡、水土不服的处境下，他的关怀给我们带来莫大的慰藉和鼓舞。

好口碑名不虚传

第二次见面是在日喀则。我们到了之后，一是休息，二是了解当地情况，三是制定一些教师规章制度。我起草了援藏教师守则，把孔繁森在拉萨时嘱咐我们的注意事项都吸收到了里面。9月中旬，孔繁森陪同山东省赴藏慰问团到了日喀则。在日喀则地区中学二楼会议室里，专门召开了援藏教师座谈会。我们在会议室门口迎接，见到孔繁森之后跟他握手，感到非常亲切。他问：“情况怎么样？教师们情绪稳定了吗？生活适应了吗？”他关切的态度让我们再次体会到由衷的温暖。

座谈会上，我汇报了援藏教师进藏一个多月的情况，也表了决心。慰问团对我们的工作给予了肯定。孔繁森走的时候喊住我说：“一定要管理好，多引导，多做思想工作，千万不能出现问题。有什么事和我联系，我会尽力帮忙。”这句话，在日喀则地区行署驻拉萨办事处的时候，他就反复地说过。

孔繁森平易近人，乐于助人。见他之前我就听一些援藏的干部说起过他，这个人对山东老乡特别关心，有求必应，只要能做到的，他都会鼎力相助。这两次接触，让我深深地感到，孔繁森的好口碑果然名不虚传。

援藏教师的良师益友

第三次见到孔繁森是在他拉萨市的家里。1992 年 7 月 15 日，我们完成援藏任务即将返回山东。15 日下午，我和聊城的援藏教师梁建寅去向孔繁森辞行。他住在拉萨市人民政府北边一座楼房的二楼，家里很简陋，也就 30 平方米左右，一室一厅，有办公桌、书橱，办公桌对面挂着迟浩田将军给他的题字“心连心同命运共呼吸”。

我向孔繁森汇报了援藏教师两年来在日喀则工作的情况，我们圆满完成了任务，受到了日喀则地委、行署和教体委的一致表扬，还收到了他们赠送的锦旗。

孔繁森听了以后非常高兴，说：“好呀，你们马上就要回去跟家人团聚了，好好休息休息，回内地再继续工作。回去以后有什么事给我来信，我能帮忙的一定帮！”

他因为下午要开会，不能到招待所看望教师，就让我们帮他带个好，并祝我们回程顺利。临别时，他提议我们一起合个影。谁知，这次分别竟成永诀。

1994 年 12 月 4 日，我在援藏战友郝桂尧家里听说孔繁森出车祸去世了，非常震惊，我不敢相信，很长时间心情无法平复。

1996 年 12 月，我们成立了山东援藏联谊会，后来更名为援藏教师研究会，挂靠在山东教育协会下面。大家在交往接触中，纷纷表示非常怀念两年的援藏生活，也非常思念孔市长。1997 年孔繁森去世三周年的时候，我们专门在聊城召开了教育援藏研究会年会，11 月 28 日去他的家里看望了他的妻子王庆芝。11 月 29 日，我们参观了孔繁森同志纪念馆，我还赠给纪念馆两本《同在高原》。当时山东电视台也去采访了我们，当天晚上节目就播出了。

现在回想起来，孔繁森的精神和品格确实令人感动，他到拉萨分管教育的四个月期间，跑遍了全市 8 个县（区）的公办学校和一半以上的村办小学，访问了 600 多名教职工；听说牧区青年教师结婚，他亲自买礼物送过去祝贺；有的学校偏远艰苦，冬天冷，学生衣服破旧，他把自己身上带的 1000 元钱捐给学校……有些人不大敢相信这些，但这些的确是事实。

老西藏精神在孔繁森身上得到了突出体现，而孔繁森精神在援藏教师身上也得到了传承和发扬。我们那一届援藏教师确实干得很出色，做了好多好事：不少教师在寒假里为当地学生补课，帮当地教育局写材料；有的学生家里穷，上不起学，特别是那些考上内地中学又无力承担学费的学生，教师们就用自己的工资和补贴资助他们；教师们还做了不少见义勇为的好事，比如在萨迦寺救下从高墙坠落而昏迷出血的西藏同胞，在昂仁县连刨带挖救出被埋在井底的西藏同胞……这样的事情很多很多。

孔繁森是我们援藏教师的良师益友，他激励着一代又一代的援藏教育工作者献身高原，不忘初心，牢记使命。他是全国人民学习的模范，也是党的好干部，我们永远怀念孔繁森同志，永远学习他为了人民不怕艰苦、无私奉献的精神！

仁爱心　家国情

口述人：冯少华，曾任西藏青年报社记者

采访组：李菲　刘建国

采访日期：2014 年 11 月 3 日

采访地点：济南

别具滋味的饺子

我于 1990 年结识孔繁森，当时我住在拉萨北郊，离市区比较远，后来搬到市委对面，距离孔繁森家很近。有时候孔繁森会让朋友给我捎话，“今天晚上包饺子，过来吃饺子”，这样我们就渐渐成了朋友。

走进孔繁森的家，你也许不会相信这竟是市长的“官邸”：一室一厅，里间是卧室，一张摆着文件和台灯的书桌，外加一张大床；外间是客厅，水泥地面，没有沙发，没有电视，只有几把椅子和一张活动餐桌；北面还有半间是厨房，放着电炉子、锅碗瓢盆、面粉面条，还有一些萝卜、白菜。

孔繁森家的钥匙就放在门框上，家里客人不断，三五成群，若赶上饭时，大家就一起包饺子。无论荤素，饺子端上来，孔繁森都会与大家同吃同乐。若孔繁森没在家，或在里间休息，都会有人记着给他留上一碗。春节时在他家聚会，饭菜依然简单，主食依然是饺子，桌上摆着他特意从山东带来的孔府家酒。让我印象特别深刻的是，桌上的几个小菜中，还有一盘蝎子，这在当时很少见，那是我第一次吃蝎子，觉得有些可怕，也颇为有趣。

一次，我和爱人回内地休假，孔繁森问我们哪天走，说按照山东的说法“上车饺子，下车面”，要给我们饯行。时近中午，来不及做饭，孔繁森就在街上找了一个很小的饭馆，吃的还是饺子。在西藏，一斤饺子 8 块钱，相比一个月仅几百块钱的工资来说，还是有点儿“奢侈”的。饭毕结账，一共 16 块钱，孔繁森翻遍全身只找到 12 块钱，我们要掏钱，他连连摆手，最后是他的警卫员帮着垫了几块钱，方才解围。我只是普通的记者，他作为市长，身上没有多少钱，却坚持要请我们吃饭，这让我非常感动。

在山东，饺子有特殊的文化寓意，是传统的待客之道。最初我以为孔繁森特别爱吃饺子，是对思乡之情的一种寄托。后来得知孔繁森为所收养的地震孤儿曾献血换取营养费以贴补家用，殉职后他的遗产仅有 8 块 6 毛钱，我才明白在他家为什么只有“饺子”可吃。招待客人是需要很多开销的，他囊中羞涩，又不想失了礼仪，饺子有肉又有菜，就成了待客的“标配”。不知有多少人在孔繁森家吃过饺子，我每次回想起来，真是“别有一番滋味在心头”。

被还回去的贵重相机

孔繁森非常喜欢拍照，他有一台美能达相机，用当时的话就是“傻瓜相机”。他拍了很多照片，给自己留的影不多，都是西藏的风物人情，偶有得意之作，也会和我们分享。

1991 年，孔繁森在会议间隙和记者仁增（左一）交流拍摄知识

有一次我去他家，他拿出一个非常精致的盒子，里面是一台还没有拆封的尼康相机。他说：“少华，你看这个相机怎么样？”我天天摄影，对相机太了解了，一看就知道是最新款的尼康 FM2。我用

的 FM2 款式较老，是平板型的，快门是上下曝光。他这台新相机是蜂窝型快门，功能更先进。我说："你这相机好，价格也不菲。"他说："对，价格肯定不菲，是一个朋友从香港带过来的，但我不能用这么贵重的东西。"我劝他留下，他反复说"不行"。

孔繁森的摄影作品

当时，孔繁森的美能达相机功能落后，如果去特别冷的地方快门就按不动，电池也不供电。尼康 FM2 不一样，任何时候都可以拍照，拉萨人都喜欢这款相机，专业摄影师人手必备。但孔繁森坚持不要，把相机还了回去。我在拉萨工作期间，朋友也会送我礼物，或者我送朋友礼物，这种交往是很正常的。但是他在副市长的位置上，以身作则，从不接受贵重礼物，让人感到十分敬佩。

写到凌晨的讲话材料

有一次我回到家，发现门上留了张纸条，是孔繁森让我到他家去一趟，我就赶紧去了。晚上八九点钟，我到了，孔繁森披着衣服从房间里出来，说了句"少华，你先坐"，就又回到里间写东西了。过一会儿，他又出来说了一句："少华，你再耐心等一下，我在写一份材料，还没写完。"

大概凌晨 1 点半，孔繁森终于来到客厅，将几页文稿放到我面前，他说："深夜有劳了，少华，你帮我看看，有没有错别字、不通顺或不合适的地方。"

作为报社记者，文字工作对我来说轻车熟路，但是孔繁森这样一说，我的确有点紧张，就逐字逐句认真地看起来。我先将文稿浏览一遍，然后又仔细从头看起。这是一篇有关市容市貌建设方面的讲话稿，写得很有条理，两千余字，除一处漏字外，没有一个错别字。这让我颇为感慨，本来想给市长当一回秘书，不想并没有“用武之地”。他那个年龄，在那么寒冷的晚上，熬夜把稿子写好，还要让朋友过来帮忙看一下，以防出现什么错误或纰漏，可见他对工作多么认真，对自己的要求多么严格。

我离开孔繁森家时，已是凌晨 2 点多。当天中午，电视播出孔繁森的视频讲话，内容正是他深夜赶写的文稿。

一次意义非凡的拜年

1992 年春节假期的一个晚上，我正沉浸于打一张四臂观音的石刻拓片，敲门声响起，来人是孔繁森和他的警卫员。

孔繁森进门就说：“少华，金花，过年好啊！”我和妻子也赶紧给他拜年。孔繁森知道我搞书法、篆刻、写作、摄影，还喜欢收藏嘛呢石刻①拓片，总是表扬我“少华很有才”，并说有时间会到我家来看看拓片。我以为他只是随口说说而已，没想到真的来了。

当时我所收藏的嘛呢石刻拓片已有数百张，我挑了一些精彩的，从造像年代、人物造型等方面向孔繁森做了简要介绍。他听得兴致盎然，向我发问：“打拓片会损坏石刻吗？”我说：“不会，

---

① 嘛呢石刻，因在石头上刻有“嘛呢”，即梵文佛经中的六字真言而得名，在青海、西藏等地极为常见。

高手打拓片，石头上连墨迹都不会留下。”孔繁森说：“如此说来，这是一件好事啊！你收藏这些拓片准备干什么用?”我说：“还没有完全想好。我现在所做的，只是初步的收集工作，有机会就顺便做做。如果将来条件成熟，可以举办展览，或者出一本书。”孔繁森说：“好啊，这对宣传西藏文化艺术大有益处。希望你做好这项工作，而且要做出成绩来。如果将来出了书，别忘了一定送我一本!”我说：“一定。”

临走时，我把刚刚打好的四臂观音石刻拓片送给孔繁森。他说：“君子不夺人之美。”我告诉他：“石刻是邻居德吉老太太家的，想拓几张就拓几张，很方便。”孔繁森这才收下。

孔繁森志趣高雅，喜欢读书、摄影、写诗。从那晚他在我家的言谈可以看出，他同样喜欢嘛呢石刻这项民间文化艺术。正是孔繁森的叮嘱，加快了我的收集步伐，并下决心做出一番事业来。

想起他就觉得暖心

西藏的节日很多，活动也很多，分不同的时间段和场地进行，孔繁森通常会代表市里领导出席开幕式和闭幕式。在现场，孔繁森总会跟老百姓拉拉手，交流交流，问问他们生活中还缺什么、需要什么，有时候遇到身体特别不好的群众，他还会过去搀扶，或关心他们的病情，所以，老百姓基本上都认识孔繁森。

1991 年，我和朋友在藏北下乡出了车祸，车废了，我的膝盖也破了一块皮，就留在原地拦车求助。不少车路过，有豪华车也有普通车，有领导的也有群众的，但一辆车也拦不住。朋友说："如果孔繁森从这儿过一定会停下来。"这就是孔繁森给我们的感觉，想起他就觉得暖心。

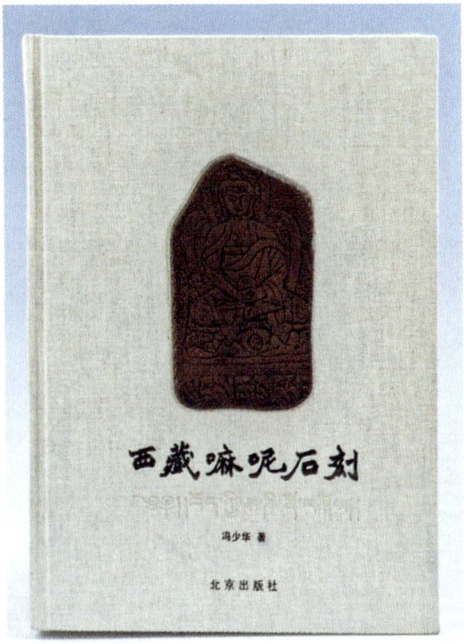

冯少华赠送给孔繁森同志纪念馆的《西藏嘛呢石刻》一书

跟孔繁森一起做事情、交朋友，你总是能够感受到他的热心。他不是刻意作秀，而是打心底里为别人着想。那个时候，拉萨的生活条件远不像现在这样好，在一个艰苦的环境中，互相支持、互相帮助、互相鼓励是非常重要的。大家在拉萨待的时间或长或短，总有一份情留在那里，有一份心血留在那里，有一份青春留在那里。

孔繁森离开我们 15 年后的 2009 年冬天，我终于收到了北京出版社发来的《西藏嘛呢石刻》样书。我在扉页上郑重地写道：献给孔繁森。2009 年 12 月 18 日，我专程赴聊城孔繁森同志纪念馆，为孔繁森塑像献上哈达，并将《西藏嘛呢石刻》一书送给纪念馆，了却一桩盘桓多年的心事。我不敢说自己做出了成绩，但是我努力了，没有辜负孔繁森当年的叮嘱。

我的青春在高原上度过，遇到过形形色色的人，但像孔繁森这样的人，一生只遇到这么一个。他活着的时候是我们的朋友，无论走到哪里情谊都不会变。他虽然不在了，但他的仁爱之心、家国情怀却时时刻刻温暖着我的心！

殷殷兄长情　温暖援藏路

口述人：杨明清，曾任西藏青年报社记者、《主人》杂志社副总编辑

采访组：洪亚彬　刘建国　李菲　郜雪梅

采访日期：2015 年 5 月 29 日

采访地点：青岛

暖心水饺　驱散阴霾

我是 1985 年大学毕业后去的西藏，1996 年回到内地，在西藏一共待了 11 年。我是 1989 年春节和孔繁森相识的。在山东老乡家里聚会的时候，大家按照家乡的规矩碰杯，孔繁森对我们说："咱们都是山东的汉子，既然来到拉萨，就不能给山东人丢脸，你们各自独当一面，包括我在内，我们干就要干出个样子来。"在后来的交往中，他一直在以实际行动践行自己的铮铮誓言。

1990 年夏天，我生病住院，一个人孤零零的，心情很不好。

孔繁森得知后来看我，他说：“你一个人在拉萨不容易，我年岁比你长点，有什么困难就告诉我，我一定尽力帮忙。”护士告诉他，因为吃不惯医院里的伙食，我已经一天没吃东西了，他安慰了我几句就走了。快到吃晚饭时，他和驾驶员又拎着保温饭盒走进了我的病房，驾驶员告诉我：“孔市长说你是山东人，喜欢吃饺子，由于晚上买不到肉，他用罐头午餐肉给你包了这些饺子。”孔繁森叫着我的名字，“鹏程（拉萨朋友对我的爱称），坚持着吃点”。一边说着，一边用筷子夹着热腾腾的饺子送到了我的嘴边，我把第一个饺子咽下以后，瞬间泪水不受控制地流了下来。

对己节俭　对人慷慨

孔繁森在拉萨住的房子卧室很小，外面一间客厅、一间厨房，室内没有卫生间，可以说条件非常一般。有一次，我去看他，发现他正在缝补一条满是补丁的衬裤，我开玩笑地对他说：“大哥，这条衬裤扔了算了，买一条新的才几个钱！”他抬起头来看着我说：“你不是外人，你打开箱子看一看，我哪一条衬裤不是这个样子？我现在穿的这身卡其布的中山装还是你嫂子在我1979年进藏时给我做的。”说着他打开箱子，我一件一件地看，几乎每件衬衣衬裤都带着补丁，他唯一的那套银灰色的西装，也只有在接见外宾时才穿一下。当时我实在想不通，一个副市长，衣服怎么能破到这种程度呢？

多次跟他下乡后我才发现，他的钱大都用在了拉萨市敬老院里的老人身上。一个月的工资，下几次乡就用光了，他哪还有钱给自己添置一点儿东西啊。他的住处除了公家配的桌椅床外，唯一属于他的家具就是一只破木箱，而且，他从来不锁门，吃饭的时候开流水饭，无论是武警战士、包工头、个体户，还是党政官员去找他，谁去了谁吃，像一家人一样。

后来我调到工人日报社，先后于1991年9月29日和1994年7月23日分别以《市长“亚古都”》和《心系西藏》为题在中央报刊上报道了他的事迹，这两篇稿件的手稿后来被中国国家博物馆收藏。孔繁森因公殉职后，在采访搜集他的先进事迹的过程中，为了写好稿件，我多次到他生前去过的敬老院、企事业单位和部队采访。记得我在西藏军区总医院采访时，副院长李素芝说：“老孔在我们外一科住院，不但帮我们做思想政治工作，还拖着有病的身体帮我们打扫卫生擦地板。这样的好书记我们都是第一次见！”所以，采访对象常常一边诉说，一边泪流满面，我在写作时也常常泪流不止。

心怀大爱　体贴入微

孔繁森之所以能够成为典型，我作为一个新闻人是这样看的：他并没有做过惊天动地的事，他做的都是很小很小的事情，但这些小事能拉近他与基层干部群众之间的距离。

有一次我和他一起带着酥油和药去孤寡老人家里慰问，老人们看到他就双手合十（西藏的群众对人表示尊敬的动作），因为在他们的心里孔繁森就像菩萨一样。西藏的冬天没有取暖设施，房子四周漏风，卫生条件也比较差，我进去就有生理反应，吃不下饭。但是孔繁森不一样，人家给他什么东西他都接过来，很自然地就吃、就喝，没有半点儿嫌弃的意思。我真的很佩服他，他比我们接地气，更深入群众。

一天晚上，拉萨师范学校有一位山东援藏的老师要回山东了，孔繁森让我陪着他去北郊，专门给这位老师送行。他去了之后，先给那位老师献了哈达。老师岁数不大，也就30多岁，他非常感动，没想到一个副市长能够来送他。孔繁森不拿自己当官，他不是作秀，而是自然流露，他就是这样一个人。

我曾经读过孔繁森写给中央组织部领导同志的信，其中有一条是想把家属也调到西藏来，可见他已经做好了长期在西藏工作的准备。1994年10月，他到拉萨开会，回阿里之前，与我谈了整整一个下午。他谈了如何借中央第三次西藏工作座谈会的东风发展阿里经济的一系列想法，说等1995年七八月份接我去阿里看一看，我也确实心动了。晚上，我与人民日报社的刘伟、西藏军区某团的贾国栋副团长为孔繁森饯行。席间，他仍以下午的话题为中心，继续向我们叙说他对发展阿里的想法。晚饭后，他要上车了，握着我的手反复地说：“记着给我来电话，记着七八月份来阿里！”没想到，我们的约定还没有兑现，他就永远地离开了我们。

深挖事迹 宣传楷模

1994 年 12 月 1 日，我得到了孔繁森不幸因公殉职的消息，当晚我便驱车到了自治区党委常务副书记郭金龙的家里。噩耗得到证实，悲痛之余，我提出要在《工人日报》大力宣传孔繁森，郭金龙书记赞同我的想法，并说："陈汉昌同志刚从阿里回来，你可以向他了解些情况。"陈汉昌同志时任西藏自治区党委常委、宣传部部长，我和他也很熟悉。12 月 4 日，陈部长为我和新华社、人民日报社的记者介绍了阿里以及孔繁森个人的许多情况。7000 多字的通讯一气呵成，我请陈汉昌部长和郭金龙书记做了审定。稿件发回北京，我又协助西藏自治区党委给新华社、人民日报社以及我所在的工人日报社三家新闻单位发了公函，协调三家媒体同一天刊发。

1995 年 1 月 4 日，三家中央媒体同时刊发了这篇《雪域赤子——记因公殉职的阿里地委书记孔繁森》。春节后，我回西藏继续挖掘孔繁森的典型事迹，先后写出了《同在高原的日子里》《宛若平常一首歌》《楷模的背后》等一系列稿件，分别刊发在《工人日报》的头版头条和其他重要版面。在把孔繁森事迹推向全国的过程中，我尽了一位新闻工作者应尽的责任。我想，这也算没有辜负孔繁森生前对我兄长般的教育和关心。

同在高原的日子里

——缅怀孔繁森书记

本报记者 杨明清

编者按 领导干部的楷模孔繁森同志的事迹在全国引起了巨大反响，人们希望更多地了解他的工作、学习和生活。本报驻西藏记者杨明清与孔繁森同志生前有密切交往，为他的精神所感动，早在1991年9月就在本报发表了通讯《市长"亚古都"》；1994年7月，孔繁森同志牺牲前4个月，本报又一次发表记者杨明清采写的通讯《心系西藏》，向读者介绍了孔繁森同志的事迹。孔繁森同志牺牲后，杨明清与新华社、人民日报记者合作，写出长篇通讯《雪域赤子》，于今年1月4日由本报和人民日报同时在一版头条位置发表，新华社并发通稿，再一次把孔繁森同志的事迹推向全国。今天，本报发表杨明清同志回忆孔繁森同志的文章，以示对孔繁森同志的缅怀和悼念。

孔繁森大哥走了，走得那样突然。

噩耗传来，我不敢相信，更不愿相信。

繁森大哥，我们最后一次分手的时候，你不是嘱咐我给你打电话么？不是还等着我去阿里采访么？你怎么就这样匆匆地走了呢！再也听不到你的声音了，再也见不到你的容貌了，再也感受不到你兄长般的关怀了……

繁森大哥，还记得我们初次相识么？1990年春节，正月初三，我们几个山东老乡聚会在自治区政府招待所总经理老张家里。当时的拉萨市委宣传部长郭传盛把我介绍给你。当我得知，你是放着家乡的地区副专员不当，第二次从山东进藏担任了拉萨市副市长时，真从心里由衷地佩服你。我清楚地记得，你拉着我的手称我"兄弟"，以咱们山东人的豪爽、直率对我们几个说："咱们都是山东汉子，都是党的干部，既然来到拉萨，就要干出个样子来，就不能给山东人丢脸。你们几个无论谁出了问题，我这个当大哥的可不客气。"从那以后，我们真的成了同志加兄弟。

那年夏天，我生病住院。你得到消息，几乎每天都要跑几公里到医院看我。你说："你一个人在拉萨不容易，有什么困难告诉大哥，我会帮助你。"当护士说我一天没吃东西时，你安慰了我几句就走了。一瓶液体没输完，你又拎着保温饭盒走进了病房。司机告诉我："孔市长说你爱吃饺子，晚上买不到肉，只好用午餐肉罐头给你包了。"大哥你叫着我的名字，用筷子夹起热腾腾的饺子喂到我嘴里。第一个饺子咽下，我的泪水就再也控制不住了。这仅仅是乡情么？不，这是一位党的领导干部、一位人民公仆的炽热的心啊！

繁森大哥，你为党、为人民、为许许多多像我这样的小兄弟捧出了一切，可对你自己却"克扣"到了极点。那次我去看你，你正在缝补一条补丁摞补丁的衬裤。我开玩笑说："大哥，扔掉算了，买条新的才几个钱。"你笑笑："不瞒你说，我哪条衬裤都是这样。现在穿的这身'的卡'中山装还是1978年我第一次进藏时你嫂子做的呢。"我看过你的衣箱，几乎没有一件衬衣衬裤没有补丁。我还知道，大哥你唯一的那套银灰色西装，也只有在见外宾时才穿一下。作为拉萨市副市长，你完全可以住进一栋小楼，可你只住了一室一厅，除了公家配给的桌、椅、床，唯一属于你自己的家具只是一只旧木箱！

当时，我真想不通，一位副市长怎么能"穷"到这种地步？问你，你不说。多次跟你下乡采访，我才发现，你的钱都用在群众身上了。拉萨市55个敬老院，你跑遍了，每次去不是带酥油，就是带衣物；岗巴县缺医少药，你自备药箱，工作的同时还为群众治病；你自己家里的拖累已经不小了，还要抚养两个藏族孤儿……一个月的工资，就这样花光了。大哥，你哪里还有钱给自己添置东西呢。说你为了给孤儿增加营养去卖血，说你的遗产只有八元六角钱，许多人不信。可我要说，这是真的！

还记得去年10月你离开拉萨的最后一天么？我俩整整谈了一个下午，你说要借中央第三次西藏工作会议的东风，大力发展阿里经济，你说你要去新疆考察，为振兴阿里开辟新路，你还说今年夏天接我去阿里走一走看一看。晚上，我们几个人在一起吃了你离开拉萨时的最后一顿饭，席间的话题仍然离不开阿里……我们送你上车了，你拉着我的手一再说："记着给我打电话，记着七八月份来阿里。"

我怎么也没有想到，这竟是我们见的最后一面！一个月后，就传来了你牺牲的噩耗。我惊呆了，我不相信，我连夜赶到自治区党委常务副书记郭金龙家里。消息证实了，我哭了，我对郭书记说，一定要用我的笔，好好写写大哥你！

《雪域赤子》发表了。党中央号召全党向你学习。这些日子里，我踩着大哥的足迹去采访，几乎每个认识你的人说起你就哭，我也是边哭边记，每一篇关于你的稿件，我都是流着泪完成的。我在尽一个新闻工作者的责任，也算是没有辜负大哥你生前对我的关怀和教育。

今年清明节，成千上万的藏汉同胞去为你扫墓，雪山肃穆，哀声一片，那情景，让人终生难忘。

繁森大哥，你永远活在人民心里，活在我的记忆中。

1995年4月14日 杨明清发表在《工人日报》上的文章

长者之风　大爱不泯

口述人：谢鲁德，曾任西藏日报社记者

采访组：高杉　刘建国　李菲　赵亮亮

采访日期：2018 年 9 月 28 日

采访地点：济南

我是 1993 年 11 月去援藏的，1995 年年底回到山东，主要任务是在西藏日报社做记者。在工作和生活各方面，我都受到孔繁森书记的教诲和帮助。20 多年过去了，许多往事依然记忆犹新。

古道热肠　齐鲁风范

我去拉萨的时候，孔书记已经到阿里任职了，但时不时会来拉萨开会或洽谈项目。我们的相识是在一次小型的老乡聚会上。孔书记就像老大哥一样，身板结实，臂膀宽大，非常平易近人，没有任何架子。当时的第一印象就是他人很好，没觉得他是

“官”，一聊才知道，他是阿里地委书记。

孔书记有着山东人厚道淳朴的特点，喜欢帮助一些有困难的人。他是军人出身，很多部队上的人，只要有难处，第一个就想到来找他。没钱回家，他就给路费；没饭吃了，他就管饭。那时西藏的交通、通信都非常不便，身处边陲，时间一长，就止不住思念家乡。孔书记在拉萨有一间非常简陋的宿舍，他来拉萨时，我和一些同期援藏的记者朋友就会到他那里，不管有钱没钱，随便煮个水饺弄个面条，聚聚聊聊，缓解思乡之苦。

畅谈理想　共谋发展

见面机会虽然不多，但他十分关心我们。当时我和孔书记聊的最多的，就是职业的发展。我是到西藏日报社任职的那一批援藏干部中最年轻的，血气方刚，心怀新闻理想。有些同事害怕适应不了高原环境，选择留在编辑部。而我主动申请去记者部，就是为了去一线采访，多了解一些西藏的情况。

我一开始在山南记者站。从拉萨到山南，有 190 千米，得自己搭车。我记得早上 10 点多在拉萨河边解放碑底下搭上过路的大货车，夜里 2 点多才到山南，一共花了 14 个小时，这在内地是不可想象的。路上车坏了，我还得跟司机一块儿拿摇把子摇。出去采访，能吃到午餐肉、面条都算好的，我起初不习惯吃藏族的糌粑，后来饿了就啥都吃。我还曾去世界上海拔最高的人控雷达站——甘巴拉雷达站采访，十几级的大风，石头被吹得满地乱跑，人被刮得站不住，只能手脚并用地爬台阶。但我身强力壮，觉得这些苦都不算什么，好多大家不愿意去的地方，我都愿意去。

孔书记很欣赏我的勇气，对我说：“你要想了解西藏，就去西藏的西藏、世界屋脊的屋脊。”他问我，有没有兴趣到阿里来驻站。当时，由于气候恶劣、交通不便、条件艰苦，阿里已经有好几年未派驻记者，是西藏七个地（市）中唯一未设记者站的地区。我一直向往去最艰苦、最神秘的地方，当即就表示很感兴趣。

孔书记随即善意地提醒我：“阿里条件确实很艰苦，人到了那里，高原反应更厉害。那边的牧民比较贫苦，外出采访食宿条件会比较差，而且从拉萨到阿里，跋山涉水也得七八天时间，来回周转不方便。这些困难，你都要想清楚。”我当时就回答：“困难没事，我不怕!”

不久，我向报社申请去阿里驻站，报社经研究同意了我的请求。孔书记知道后特别高兴，他跟我聊了很多，说地理因素已经严重制约了阿里的发展，信息闭塞势必会进一步影响阿里与外界的交流，要把本地的困境与发展现状宣传出去，阿里需要新闻人才。他说我在阿里，必将大有作为。孔书记的一番话，让我更加坚定了去阿里的信心。

10 月中旬，孔书记开会归来，经拉萨返回阿里，临行前又从拉萨打电话给我，问是否随车前往。由于当时山南站的工作尚未交接，手头又有几篇急稿，我便答复说准备年底前往。孔书记再三叮嘱："欢迎你早点赶赴阿里，实现自己的理想，为阿里经济建设做出应有的贡献。"没想到电话中的一别竟成了永诀，当年11月29日，孔书记便在去新疆考察的途中因车祸不幸殉职。

听闻噩耗时，我和工人日报社的摄影记者王景山正在山南采访，我们非常震惊，心里的感受无法言说，整晚坐在一起喝闷酒。当时西藏通信很不方便，我们反复核实这个事是不是真的，几天后得到了确切消息。我最终没能和孔书记在阿里共事，可以说是终身的遗憾。国家失去了一个栋梁之材，老百姓失去了一个好领导，我们也失去了一位好大哥。

党性光辉　励志楷模

孔书记在被树立为全国的典型之前，其实已经有广泛的影响力了。我曾和同期援藏的大众日报社记者魏武一起去采访孔书记，在他家聊得很兴奋，也感叹找到了一个好素材。魏武很快就在《大众日报》上发表了以《"世界屋脊"上，有这样一个山东人》为题的通讯，这篇稿子获得了中国新闻奖二等奖。我看了以后也很激动，以前只是觉得孔书记是我们身边一位亲切的大哥，没想到他的事迹写出来，就是获奖的好稿。这篇通讯是在孔书记生前就发表的。

我对孔书记的认识，也是在不断升华的。最初我对他的印象，就是一位厚道宽容、随和热心、深受中国传统美德和齐鲁文化熏陶的好人，随着在藏工作阅历的加深以及与孔书记更深入的交往，我越来越感受到，他不仅仅是一个传统意义上的好人，正如中共中央组织部、中共中央宣传部发出的《关于开展向孔繁森同志学习活动的通知》里所言，要学习他“顾全大局、无私奉献的坚强党性；热爱人民、服务人民的公仆情怀；清正廉洁、克己奉公的高尚品德；艰苦奋斗、知难而进的拼搏精神；开拓进取、求真务实的优良作风”，他不愧为时代楷模。

援藏期满返程之前，我专程赶到阿里烈士陵园，去孔繁森衣冠冢拜祭，向他告别。回到山东之后，我和同期援藏的工人日报社记者杨明清又专门到聊城孔繁森同志纪念馆参观。

记得在阿里，我明显感到由于海拔高，在阿里高原反应比在别的地方更厉害，稍微运动剧烈一点儿，就上气不接下气。我当时 20 多岁尚且如此，孔书记作为年近 50 岁的老大哥，在阿里工作，做出了那么大的奉献，他的牺牲可想而知。而他在这样的工作状态下，仍不忘关爱我们这些后辈，这让我感动一生。认识孔书记是我的荣幸，他虽然永远离开了我们，但他“高山仰止，景行行止”的长者之风，将永远被我们深深铭记！

谆谆教诲　铭记一生

口述人：任德敏，曾任拉萨市师范学校教师

采访组：刘建国　李菲　赵亮亮

采访日期：2017 年 11 月 9 日

采访地点：重庆

亲临教学现场　关爱普通教师

1990 年年末 1991 年年初的时候，拉萨市师范学校新教学楼刚竣工不久。一个上午，我捧着教案走进教室，班长嘹亮地喊道："起立！"全班学生齐刷刷地站起来，我惊奇地发现，教室最后一排多了几个高大的身影，是市里来的领导。站在中间的是一个北方汉子，笑容慈祥，眼神坚毅。我认识他，他是拉萨市分管文教、卫生与民政工作的副市长孔繁森。他对我点点头，微笑着说："我们来听您的课。"

没想到领导们会来，我事先没接到通知，难免有些紧张，余光瞟见孔市长坐得端端正正的，边听边记，像学生一样认真，还不时抬头微笑，对我表示鼓励。我的心绪平静下来，讲课如常进行。

1990 年 11 月 21 日，孔繁森（左四）参加拉萨市师范学校“二援”工程竣工仪式

我当时教的是语文。作为民族学校，拉萨市师范学校和内地的师范学校在教学上有差异，特别是藏文班，都是藏族学生，有些学生从小学四年级甚至初中才开始学汉语，汉语基础很差，所以我教课时需要更加关注他们是不是掌握一些基础知识，比如教认字、查字典，先弄懂词语和句子的意思，再弄懂全文的意思。一个字一个字地写，一个字一个字地教，这个过程是很枯燥的，像教小朋友一样。但孔市长听得很认真，丝毫没有表现出不耐烦。课后交流起来，我说：“我原本有点担心，您会不会觉得，我作为一个师范学校老师，讲得太浅了。”他说：“不会，各个地方的学生情况不一样，教学方法和内容要根据学生的实际情况

来。我认为你教得很好，民族学校上课就要这样上。”他对西藏的教育整体环境已经有了充分的了解，通过听课和调研，对我们的因材施教和启发式教学非常认可。

后来我知道，他不只听了我一个人的课，还听了很多人的课。学校开教师节庆祝大会，孔市长亲临现场，在表扬我们成绩的同时，也提出了很中肯的意见。他说：“我们民族师范学校是民族教师的摇篮，一定要对工作负责任，一定要做好每一个细节。今天是教师节，我本来不应该批评人，但是有个别老师上课的时候精力没有完全用到教学上，读字都读错了。咱们的老师基本是从内地来的，其中还有西藏大学的高才生，文化水平肯定没有问题。个别同志也许年轻，因为个人原因、家庭原因对工作不够用心，我希望你们以后改进！”我们由此感受到了孔市长对教育工作认真负责、抓小抓细的工作态度，不由得肃然起敬。

坚持以上率下　力倡清廉之风

孔市长经常来学校看望我们，和我们老师都很熟，没有什么官架子。我作为普通教师，也觉得和他相处没有压力，可以放松地聊天，相处久了，感觉他就像邻家大哥一样。

无论跟谁讲话，他从来不打官腔，都是真诚地直视对方的眼睛。和他聊天非常增长见识。比如闲聊时，我提到我母亲姓曾，他就说“曾孔不分家”，并给我讲了孔子和曾子的关系以及儒家文化。我以前都不了解这些，觉得他的确知识渊博、思路开阔。

当时我先生负责拉萨市师范学校的基建工作，孔市长专门嘱咐我：“老石①做的这项工作，你一定要支持他，建设款项都是中央直接拨付，那个钱我们一定要用到实处。你作为家属要站稳立场，不能索贿受贿。”我说：“我们一定谨遵指示。”我先生负责基建工作期间，不但没收过礼，还把我们家的五十斤大米送给没钱吃饭的包工头。学校的姜校长也是一个非常坚守原则、清正廉洁的人。这一切，都离不开孔书记的以身作则、言传身教。

关心他人冷暖　不谈自己病痛

1993年的一天，我接到四川老家发来的电报，说我小时候的保姆刘爸生了重病，让我们回去看看。我从小是跟着刘爸长大的，和他感情很深。当时，我儿子快初中毕业了，也想回老家看看，于是我们决定休假，并按照惯例，要向西藏的朋友、老乡告别。

向孔市长告别时，他拿出刚买的“七十味珍珠丸”和“常觉”，说：“把这药拿回去给老人吃吧。”我们知道这是名贵的藏药，坚决不要，说：“你马上要到阿里去，留着到那边补身体

---

① 老石即石明海，任德敏的爱人，是拉萨市师范学校干部。本书亦收录其口述《捧着一颗心来　不带半根草去》。

吧。”他轻松地说：“我身体还行，还是给老人吧。”并一再让我们跟老人问好。回去之后，我们把药给了刘爸，吃了确实很见效。刘爸出身很苦，一个普普通通的老人，能得到孔市长的关爱，他非常感动。

孔市长重视教育，对学生更是爱护有加。我们学校有一个学生因为犯错误受了处分，差点被学校开除。他知道后，先是严厉地批评了他，苦口婆心地给他讲道理，又将他当成亲儿子一样悉心栽培。在孔市长的帮助和鼓励下，这个学生重拾对生活的信心。孔市长总对我们说：“对于犯错误的学生，我们要以教育为主、以惩罚为辅，要让学生发自内心地认识到自己的错误，并树立对美好品德的向往，这样才能避免他们走上社会后造成更大的危害。”

孔市长对别人很关心，对自己的困难和病痛却总是避而不谈。西藏的气候很干燥，鼻腔会很难受，非常疼，好像里面有密密麻麻的小伤口一样。我们每次看孔市长的照片，他的嘴唇都是干干的、泛着白皮，他不是不喜欢喝水，是没时间喝水。拉萨海拔只有 3600 多米，我头痛得都好像要炸开一样，时常要拿围巾使劲把头箍得紧紧的，更无法想象孔市长后来在海拔平均 4500 米的阿里是怎么过的。因为缺氧，心脏也疼。但在这种生活环境中，不管什么时候见到孔市长，他从不说自己的苦和累。

我们发现他喜欢喝蜂蜜水，正好有位老师家里养蜂，就给他带了一些蜂蜜。他说：“非常感谢，正是我所需要的。”当时我们不清楚他为什么需要，他去世以后才知道，他患有直肠纤维瘤，喝蜂蜜水是为了肠道健康。我们每次见他，他都是精力充沛，工作起来更是废寝忘食。他总说自己身体好，但是他忍受的病痛煎熬只有他自己知道。

孔市长的事迹，催人泪下，激人奋进。孔繁森精神更应该被发扬光大。他是平凡的人、真实的人，他也是血肉之躯，他也有七情六欲，但为了党、为了人民，他抛家离子来到西藏，将一腔热血都献给了西藏人民。他的教诲，我将铭记一生。

捧着一颗心来　不带半根草去

口述人：石明海，曾任拉萨市师范学校干部

采访组：刘建国　李菲　赵亮亮

采访日期：2017 年 11 月 8 日

采访地点：重庆

雷厉风行　直奔现场

我和孔市长相识相知是 1988 年到 1992 年。中央第二次西藏工作座谈会召开以后，国家给西藏共拨了 600 万元援助款，用于建设拉萨市师范学校。当时，上级把我从运输公司调过去担任学校建设工作的副总指挥。那时学校的条件相当差，简直没办法教学。学生只有 200 多人，宿舍勉强够他们住。后来去的老师和工作人员只能搭帐篷，我只好继续住在运输公司。

我接手工作后，面临着很多困境：土地证虽然拿下来了，划拨的款项却迟迟没有到位。1988 年 3 月初，我们专门到北京，找到相关单位，多方协商，推进拨款进度。回来后，我们就准备前期工作。那时候困难相当多，近8月了款项还没有落实，签的合同也没办法进行。直到孔市长二次援藏，我们才迎来了转机。

孔市长在拉萨市任副市长，分管文教、卫生和民政工作。他知道这些情况以后，直接来到我们学校。当时我还在工地上，他叫总务处的同志把我喊到办公室，简单交谈之后，对我说："走，我们不在办公室谈了，直接下工地！"我很感动，觉得这个领导做事雷厉风行，一点架子都没有。我领着他们到了学生宿舍、教工宿舍，呈现在眼前的完全是一片空地。孔市长说："要赶快把这个事情落实下去。"我说："确实太困难了。"他当时就说："有困难找我。"还把他的办公室电话号码给了我。

那时候，白天在办公室根本找不到他的人，他都是到各个单位去转，拉萨的单位他基本跑遍了，我只能晚上10点钟以后给他打电话，汇报遇到的困难。孔市长做事非常高效，不到一个星期，整件事就落实下来了，红线划了，施工队伍定下来了，合同签订了，款项也到位了。

虽然前期工作落实了，但是后续的工作中还存在很多问题。我当时是基建组常务副组长，直接负责技术和质量。由于物资短缺，建设用的水泥、钢材常常供应不上，有时候不得不中断、停工。这样一来，施工单位就不愿意了，因为一方面耽误他们工期，另一方面工期拖得越长费用就越多，因此引发了许多矛盾。实在没有办法，我只好再去找孔市长帮忙。孔市长便找到建筑方帮我们协调。

孔市长初来拉萨时，学校教室的墙体普遍用的是水泥和炭渣混合出来的黑砖头，铁皮搭成的屋顶看起来灰蒙蒙的，教室里面只刷了一层白灰。看到这种情况，他说："目前的校舍条件太差了，教室也太紧张了，一定要抓紧时间改善教学条件。"他只要有时间就会来学校看看，他不进办公室，而是直接去工地现场办公，哪里有问题需要解决就直接走着过去，简单直接、直击本质。工地建设进度加快了，孔市长很高兴，要求我们一定要把好质量关，特别要把好7000多平方米的教学楼的质量关。

教学楼竣工那天，现场来了自治区教委，拉萨市委、市政府和市教委的各级领导80多人，我汇报了工程建设的前前后后。后来，学生们就全部搬进新教室了。没几天，孔市长不打招呼、直奔现场，来学校了解老师、孩子们上课的情况。他在外围、工地等转了一圈，就直接到教室里面听课。那天是我爱人的课，她进去的时候，学生一喊"起立"，她才看到站在后面的孔市长。孔市长不像有的官员只动嘴说让别人去做，他喜欢亲力亲为，令人肃然起敬。

他是凡人　也是楷模

我与孔市长接触后，很喜欢和他交流，碰到问题都是直接向他汇报，遇到高兴的事也愿意同他分享。他对我很亲切，都是称呼我“明海”。

孔市长有太多值得回忆的地方。在他的眼里，人没有高低贵贱之分，他对谁都很亲切，处处为人着想。他在拉萨时，我们有事没事都愿意到他住处去，特别是周末，他那里就没有断过人。在他家，我们不是擀面条就是包饺子，他常在家里备着面粉，大家一起剁馅、加作料。只要他在，大家都很活跃，有工作上的问题也跟他谈，但不是坐下来正儿八经地汇报，而是像随意话家常一样。我们有话直接跟他讲，他能回答的就立刻回答，有些需要进一步了解情况的，他就说：“我以后会给你答复的。”他不把我们当下属，而是当作朋友。

万万没有想到，1994 年 11 月他因车祸不幸离世。得知这个消息的时候，我正在附小教学楼的建设工地上，赶紧跑到阿里地区行署驻拉萨办事处去询问，确认他已不幸殉职，我难过得无以言表。

孔市长平易近人、和蔼可亲，他对我的人生影响很深远。他殉职后，时任党和国家领导人分别为他题词，我认为这是实至名归，他的的确确是领导干部的楷模。在我心目中，他是一个普普通通的人，是一个值得信任的人，是一个可亲可敬的朋友。正所谓“捧着一颗心来，不带半根草去”，他没有为自己积累什么物质财富，却把一切乃至生命，都献给了党和人民。

孔繁森精神的光芒普照大地

口述人：黎穆萨，曾在拉萨经商

采访组：周会　洪亚彬　刘建国　赵亮亮

采访日期：2016年8月4日

采访地点：拉萨

两次“送礼”

我是甘肃甘南人，回族，1984年来到拉萨经商。当时，我们家乡的棉布比较便宜，我进了一批棉布拉到樟木口岸去卖，做点糊口的生意。第一次很顺利，谁知第二次就出了问题。运货途中，日喀则到拉孜的路被冲断了，我只能把那车货卸在拉萨出售，没想到，买家迟迟不给钱，我多次去索要都无功而返。

没办法，我只好自己东拼西借凑齐了进货的钱给了批发商。这一批布不仅没挣到钱，还欠了17000元的债。后来，我就去找自治区领导反映这个事情，经人介绍，认识了时任拉萨市副市长的孔繁森。

孔市长了解到我的遭遇后，当即表示他一定会给我帮忙，并让公务员崔建勇带着我去找了公安局局长列确。最终，在孔市长的全力帮助下，我拿到了货款，心里别提有多感激了。我没想到，孔市长这么大的领导，真的肯为我们平民百姓做主。就这样，我和孔市长的接触渐渐多了起来。

我的生意越做越好，一直想找个机会报答他。我想到他工资有限，照顾家里的同时还在西藏收养了三个孤儿，生活上肯定很拮据，就准备了3000块钱，有一次去看他的时候，趁他不注意放在了抽屉里，没想到让他发现了。他一改平日温和亲切的样子，板起脸严肃地说："小黎，你这是干什么！"我说："市长，当初我们认识的时候，我分文没有，还欠着债，是您尽心尽力地帮助我，才有了我的今天，我报答您也是应该的。"听完我的话，他的情绪有所缓和，但态度依然很强硬："为群众服务本就是我的职责所在。正如你所说，我们是在你一无所有的时候认识的，就是一辈子的患难朋友。如果这钱你不拿走，今后就不要踏进我的门，我们也不再是朋友了！"我意识到他是真生气了，就把钱收了回来。

我对孔市长的感恩之情始终萦绕心间，总想找机会报答。报答他本人不成，报答他的家人照样被婉拒。

一封信

1994年上半年，我用于批发鞋子的17万元欠款到期了，想用房子、仓库等做抵押贷款。走投无路的情况下，我又向孔市长寻求帮助，想让他给牵个线。他了解情况后，帮我给相关部门一位姓徐的负责同志写了信："徐科长，我有多年的好朋友小黎同志，他为人心地善良、诚信可靠，想贷点款。改天我们到他家去看看、谈谈，让他亲口给你说一下。"第二天孔市长让小崔来找我，说徐科长正好来市委办事。在孔市长的引荐下，我和徐科长见了面，并根据贷款政策找了几个朋友做担保，因此顺利拿到了贷款，解了燃眉之急。孔市长给徐科长写的那封引荐信当时没用到，我就收藏起来，一直保存着。

一个苹果

孔市长不仅无私地帮助我，他对任何人都非常好。有一次我去他家看他，我们正说着话，有一位拄着拐的老阿妈来找他，孔市长连忙给老阿妈让座，边给老阿妈削苹果边问："阿玛拉，您的二十斤糌粑我昨天给批了条子，您拿到了吗？"老阿妈可能不大会说汉语，一直摇头，意思是没拿到。孔市长立即给相关部门打了电话："昨天我给老阿妈批了二十斤糌粑，怎么现在还没落实？老阿妈是困难户，腿脚也不方便，今天又为了这个事到我这儿跑了一趟，我们为群众服务不到位啊。”

老阿妈拿着孔市长削好的苹果，激动得不知道说什么好，走到门口又转过身来要给孔市长下跪。孔市长赶紧把她抱住扶起来，一番推让中，苹果掉在了地上，我们都说太脏了洗一洗，但是老阿妈坚持带走了那个沾了灰的苹果。

西藏老百姓可能说不出华丽的语言，而下跪就是他们能想到的最原始、最朴实、最纯粹的方式，他们以此来表达对孔繁森同志的敬爱。那个苹果，虽然沾了灰，但在老阿妈的心中却像珍宝一样无可替代。

一生回报

思来想去，我何不把回报社会作为对他的报答。我一直经商并成家定居在拉萨，便以赞助当地教育的方式回报社会。

2016年，我出资设立了“孔繁森奖学金”，为孔市长担任过县委副书记的岗巴县昌龙乡的学子助学，给予考入大学的学生每人一次性助学金2000元。为此，我多次受到西藏自治区、岗巴县相关部门的表彰。

每年清明，我都要带全家去拉萨烈士陵园为孔市长扫墓。只有这样，我才能得到心灵上的慰藉。我希望各界媒体能进一步挖掘孔市长做好事的真实细节，更多更深地了解他的善言善行，使孔繁森精神的光芒永远普照大地。

浩气存高原

口述人：孙奎新，曾任西藏自治区五交化公司物价科科长

采访组：洪亚彬　刘建国　李菲

采访日期：2014 年 4 月 22 日

采访地点：滨州

高原初遇好“三哥”

我和孔繁森是 1988 年一起援藏时认识的，当时山东援藏队一共 32 人，他是我们的带队领导。我们先坐火车到成都，简单休整后，10 月 26 日从成都坐飞机到西藏。下飞机之后，很多队友高原反应严重，连搬行李的力气都没有。孔繁森一边协调同志们相互配合，一边主动帮很多同志搬行李，他身强体壮，毫不惜力，同时用积极乐观的态度感染、鼓舞着大家。我们在西藏自治区招待所住下后，他又到各个房间了解我们的高原反应情况，嘱咐大家尽量少活动，早些休息。

我们在自治区招待所住了近一个星期的时间，前三天都在休息，几乎没活动。到吃饭的时间，孔繁森总是热情地招呼我们大家，不落下一个人。大家初来乍到，高原反应比较厉害，再加上对陌生环境不适应，难免有些紧张。孔繁森就给我们讲述他第一次援藏的经验及注意事项，化解了我们的恐惧和担忧。

山东援藏队留在拉萨的有十几名同志，大都是去和原职务对口的单位，我去了西藏自治区五交化公司。初到拉萨，我们生活上不太适应，认识的人也不多，所以基本上每个周末都到孔繁森那里去，特别是我们几个年轻人。当时我27岁，比我年龄小的还有三四个同志，中午我们就在他那儿做饭，他家门的钥匙放在哪里我们都知道。很多时候晚上我们不走，就住在他那里，三四个人挤在一张床上睡，他从来没有不耐烦过。

苦中作乐振精神

后来大家熟络起来，我们都叫他“三哥”。1989 年，进藏后的第一个春节，我们在“三哥”宿舍里聚会。他告诉我们：“省委组织部给我们送来了慰问信，还汇来了 300 元钱，我们好好乐和乐和。”他唱了一首《亚非拉人民要解放》活跃气氛，唱得非常认真，情绪高亢。那次聚会其乐融融，同志们感觉像在家里一样，直到他去世我们才知道，那 300 元钱是他自己掏腰包的。当时，我听着歌，读着省委组织部的慰问信，不由得热血沸腾，更加懂得了援藏工作的意义与使命，也明白了“三哥”为什么瞒着家中八旬老母二次援藏。这里的生活很艰苦，但是有党组织的关怀，有着给人以力量的歌声，还有什么苦可言呢?

自那以后，每逢节日聚会，大家总让“三哥”再唱一遍《亚非拉人民要解放》，这成了一道不可少的“佳肴”。最难忘的歌还有《驼铃》，当我们圆满完成三年援藏任务、即将返回山东时，“三哥”再次以歌声为我们饯行:“战友啊战友，亲爱的弟兄……”三年来，他的歌声驱走了我们生活中的不适与思乡的惆怅，让我们体会到了“特别能吃苦、特别能战斗、特别能忍耐、特别能团结、特别能奉献”的老西藏精神，给我们深深的触动与鼓舞。

心存大爱利他人

大家都知道孔繁森是个大忙人，但谁若是病了、有事了，他准会像“及时雨”一样出现。有一次我骑自行车把脚崴了，没跟他说，结果周一上班时，他就给我打来了电话，问我怎么了。我说没事儿，他说:“没事儿你怎么周末没有过来?”下班回到宿舍后，他提着一兜子罐头、鸡蛋就来了，一进门看见我脚还没有消肿，心疼得一直埋怨:“这周末没见着你，我就知道你肯定有事，怎么不告诉我，最起码我能照顾照顾你吧?”

他就是这样，记挂、关心着每一个人，我们几个谁有头疼脑热，只要他在拉萨，一定会来看望。在我们心中，他没有领导架子，是一位平易近人、和蔼可亲的兄长。工作上，他是我们的指明灯；生活上，他是无微不至地关心照顾我们的好大哥。2014 年清明节，我为他写下一首诗，遥寄我对“三哥”的无尽思念，愿他的在天之灵得到告慰！

忆繁森

——写在孔繁森逝世二十周年清明之际

人之巨擘孔繁森

益友良师情意真

两袖清风不为己

一身正气利他人

老吾老共百姓老

心连心同群众心

二次援藏艰与苦

高原魂系浩然存

“他给我们留下了宝贵的精神财富”

口述人：王德，曾任西藏自治区工业厅车队助理会计

采访组：洪亚彬　刘建国　李菲　赵亮亮

采访日期：2014 年 5 月 28 日

采访地点：济宁

在我心目中，孔繁森是党的好干部，也是我的好兄长。他待人真诚，跟他交往没有上下级的距离感，而是像朋友、家人一样亲切。

我是 1988 年与孔繁森同一批援藏的。当时我们从济南出发，在火车上，孔繁森到每个铺位去看望，与同志们谈心，问我们想不想家，对西藏有什么想法，等等。他感觉到我们对未知的未来有点迷茫和恐慌，就安慰我们：“我是援过一次藏的，西藏并没有你们想象的那么可怕，那里的群众都非常朴实、善良，工作也大有可为。”他还跟我们讲了一些他之前在西藏的工作经历和趣事，在这样的轻松氛围中，我们的压力得到了大大的缓解。

孔繁森的藏语说得不错，他与西藏群众对话是没问题的，而且他也经常督促我们学藏语，并提醒我们：“在西藏要多多深入群众沟通交流，了解老百姓的实际情况，这不仅对我们开展工作大有裨益，也是促进民族团结工作的重要环节。”

孔繁森是山东援藏干部的带队领导，无论在工作上还是生活上，他都对我们关怀备至。当时我在西藏自治区工业厅车队工作，条件非常艰苦，晚上睡觉的时候牲畜就在院子里跑，因此孔繁森对我格外关照，经常嘘寒问暖，不仅鼓励我迎难而上、坚持到底，而且在生活上处处想着我，给我送油、送米、送面。看我带的生活用品比较少，他还把自己的一床被子给了我。

我们到拉萨的第一年春节，孔繁森自掏腰包买了一些慰问品，去看望每一位山东的援藏干部。虽然慰问品并不贵重，但他这份周到细致的心意让我们非常感动。为了缓解大家的思乡之情，每到周末，孔繁森就把我们都聚在他家里，他自己掏钱买些食材给大家做饭吃。在改善生活的同时，他也趁这个机会跟我们谈心，了解我们的思想、工作情况。当时的西藏，消费水平非常高，一根香菜一块钱，孔繁森的宿舍几乎每天都有人去，而他都是用自己的钱买东西招待。有一次，他买好了食材给大家做饭，做完饭之后陆陆续续又有客人来，本来是 4 个人，慢慢地就加到了 8 个人、10 个人。他一直忙着给大家做饭，看着饭不够了，他自己一口也没吃。为此我跟他生气、着急，我说：“这算怎么回事？你怎么想的，忙活半天，自己吃不到嘴里。再这样，以后我不上你这来了!”他就是这样的人，总想着别人，却忽略了自己。

孔繁森还经常下乡走访，看到贫困的老人孩子就把身上的钱给人家。所以孔繁森确实没有钱，他的工资都用在了为西藏群众谋幸福和为援藏干部改善生活上。我跟孔繁森下过几次乡，他没有领导干部访贫问苦的感觉，而是非常贴心地跟他们坐在一起拉家常，像一家人一样。那些群众看到孔繁森也特别亲近，仿佛盼了很久的至亲到访。

孔繁森爱党、爱国、爱人民，在家有八旬老母、体弱妻子、年幼孩子的困境下，还能坚决服从组织安排，义无反顾地完成援藏任务，就算没有做出什么成绩，那也是非常了不起的！更别说他在这期间为西藏的建设、发展和稳定，为西藏人民的幸福生活做出了实实在在的业绩，也给我们援藏干部留下了取之不尽用之不竭的精神财富!

热血沁高原　精神永流传

口述人：杨书春，曾任西藏自治区保险公司业务科科长

采访组：刘建国　洪亚彬　李菲

采访日期：2014 年 3 月 10 日

采访地点：孔繁森同志纪念馆

“为了群众，他连命都能豁上”

孔繁森第二次援藏时，山东老乡介绍我们相识。孔繁森在拉萨当副市长，工作也很忙，然而，知道我感冒了，他晚上会专门来看望我。和他一起经历的很多事情是我永远不会忘记的。

拉萨往东有个县叫墨竹工卡，那一年县里发生地震，我开车带着孔繁森去现场考察灾情。墨竹工卡县的建筑以土块垒成的房子为主，遇上地震就坍塌了。我和孔繁森从灾区回来的时候，他把自己的裤子、袜子、鞋子、帽子还有我的外套全都留给了受灾群众。当时，我受到了深深的震撼。虽然我们是老乡，我明白山

东人有古道热肠的传统，但我对他的精神也不能完全理解，不明白他为什么能做到心里只装着别人，却从不考虑自己。他的境界确实不一般，为了老百姓他什么都可以做，连命都能豁上。

1988 年冬，孔繁森（右）和杨书春（左）在拉萨市委门口合影

孔繁森献血换取营养费的事，我是亲见者。我记得很清楚，那天我在援藏干部赵纪元家吃饭，吃到一半的时候，他打电话叫我走，也没说什么事。我开车跟他一起来到西藏军区总医院，他当时说：“身体不好，看看去。”让我在车上等着。他从医院出来，我就知道了献血的事，当时我怎么也想不通，一激动就哭了，真流泪了。我说：“三哥，你不能这么做呀！没钱我们想法给你凑，不能伤害自己的身体呀。你要是失去了健康，不就啥都没有了吗?”我一说话声音就大，他怕别人听见，就“打”了我

一巴掌。为了不让我担心，他在我面前故作淡定，其实我知道他身体肯定不太好受，那可是海拔3600多米的拉萨呀，活动量一大嘴唇都是紫的，他献这么多血一不小心会要命的。可他就是这样的人，共产党员的崇高情操支撑着他献出自己的热血和全部的爱。

“他遭的罪让人心疼”

有一次，陪同中央主要领导同志到西藏视察的迟浩田上将到孔繁森家里吃饭。孔繁森身上没钱，他翻了半天，找出来五块钱叫我上街买菜，这点钱哪够啊。还好，花盆边上种了一圈韭菜，他薅下来炒了，又弄了一盘花生米，一顿“高级”的饭菜就大功告成。谁都想不到，堂堂一个拉萨市的副市长，竟然这样节俭。

孔繁森在拉萨期间，经常下牧区考察调研，那时候要下牧区就得骑马，他没什么经验，常常因为骑马，把自己的尾骨皮肤都磨烂了，伤口都发炎了，裤子全被血脓浸透。为了不耽误考察，他就在裤子里垫上一块布，回来以后，把门关上，悄悄让我给他清理。骑马下乡遭的这个罪，他从来不对外人说，也不让我说。他的那种精神，真的就是毛主席所说的“全心全意为人民服务”。

孔繁森第一次出车祸是下乡考察的时候，他昏迷了好多天，我和聊城老乡杨德军一直在床头守着他。得知他出车祸的消息，医院门口聚集了很多来看望他的人，不仅有老乡，更多的是自发来医院的西藏同胞。这件事在拉萨轰动一时。

孔繁森其实是一个平凡的援藏人，他没有做什么惊天动地的大事，也没有做什么一鸣惊人的伟业，但他做的每一件事的出发点都是让百姓生活得更好，因此他受到这么多人的尊敬和爱戴。我认为，宣传孔繁森，并不是仅仅宣传他这个人，更是宣传他的精神。他的精神永远值得我学习，我永远不会忘记。

恩如再生　情比海深

口述人：曲印，拉萨电视台记者；贡桑旺姆，西藏自治区文化厅机关党委一级主任科员。[①] 兄妹二人于 1992 年拉萨市墨竹工卡县地震中被孔繁森收养

采访组：王芳　郭凌鹤　张尊波　王冉　赵亮亮

采访日期：2023 年 5 月 5 日

采访地点：孔繁森精神教学基地

雪中送炭　真情救孤

1992 年 8 月 17 日，那是我一生都不能忘记的日子。当天凌晨，拉萨市墨竹工卡县发生地震，很多房屋倒塌，本就贫穷不堪

---

① “口述孔繁森访谈项目”赴西藏采访期间，曲印和贡桑旺姆作为向导及翻译，为访谈组提供了有力的帮助和支持，但因行程紧张，二人未正式接受采访。2023 年 5 月，“弘扬孔繁森精神与铸牢中华民族共同体意识研讨会”在孔繁森精神教学基地召开，曲印和贡桑旺姆作为孔繁森同志生前亲属参会，基地工作人员对兄妹二人进行了补充采访。本文根据视频采访素材整理，为便于读者阅读，以曲印第一人称视角展开叙述。

的羊日岗乡因为受灾，愈加满目疮痍。我们兄妹五人本就依靠乡亲们救济生活，如此一来连容身之地都没有了。原本以为这雪上加霜的生活难以为继时，我们一生难以忘记的恩人孔繁森爷爷出现了，彻底改变了我们的命运。

那是地震后的第二天，孔繁森爷爷来到了羊日岗乡。在灾后现场，我看到了爷爷为了群众潸然流下的热泪，看到了他不辞辛苦指挥抗震救灾的忙碌身影。他不仅给我们带来了午餐肉罐头，给每家每户都发放了帐篷，还背着药箱医治受伤的乡亲们。在我的印象里，第一次见到孔繁森爷爷就感觉他特别高大、特别慈祥。

孔繁森和曲尼（右一）、曲印（左一）、贡桑（一排中）在拉萨的居所

妈妈在生完妹妹贡桑后一周左右，因头疼病去世了。地震之前，我爸爸得了肺炎，也去世了。了解到我们兄妹五人已是孤儿后，孔爷爷立刻叮嘱有关部门要照顾好我们的生活。随后，我们被安排到了墨竹工卡的一所学校里。但是因为地震加剧了当地的贫

困，政府能给我们提供的救济保障措施很有限。爷爷牵挂着我们，过了没多久，他又来到了学校。当时我们还在帐篷里住着，爷爷征求了姐姐、哥哥的意见后，决定领养我和妹妹贡桑，我的命运也因此发生了转折。在我们被安置的学校里，他还收养了同为孤儿的曲尼姐，那年曲尼姐12岁，我7岁，妹妹只有5岁。

亲如父母　无微不至

孔爷爷把我和妹妹带回到拉萨家里，先给妹妹洗漱。他打了一盆水，试了试水温，又拿了一条白色的毛巾，一点点地给妹妹洗手、擦脸、擦脖子，一番下来，白色的毛巾都成黑色的了，那时的我们都觉得特别不好意思。

在拉萨，爷爷住的房子并不大，外面一个小客厅，里面一张大床，一张办公桌，我们和爷爷还有崔建勇叔叔[①]五个人就在这里组成了一个其乐融融的小家庭。我和妹妹当时还小，有时候会尿床，爷爷就像慈母一样，把内衣给我们换好，把干净的褥子重新铺好，然后再把撤下来的湿褥子用火烤干，怕万一再尿湿没有东西换，委屈了我们。这种感觉特别温馨，让我们又找到了家的感觉。后来，拉萨市市长洛桑顿珠见孔爷爷负担太重，就领养了

---

① 崔建勇，孔繁森在拉萨任副市长期间的通信员、警卫员。本书亦收录崔建勇口述《刻在骨子里的“繁森”烙印》。

曲尼姐。

在生活上，孔爷爷给了我们无微不至的照顾。他平时工作很忙，但只要在家，就一定会亲自下厨给我们做饭吃，无论炒菜还是包饺子，爷爷都非常拿手。直到现在，我闭上眼睛仿佛还能闻到爷爷做的饭菜的香味。每到周末，他会像其他孩子的长辈一样带我们出去玩，商场、游乐场、八廓街、拉萨文化宫……哪里好玩他就带我们去哪里玩，哪里有好吃的就带我们去吃。这样的生活让我觉得很幸福。

因为家境贫困，我和妹妹从小就几乎没有穿过新衣服，很多衣服都是补了又补、洗了又洗。爷爷收养了我们之后，我们也能像其他小朋友一样穿上新衣服了。还记得他带着我们去商场，给妹妹买了一件黄色的小熊猫外套，给我买了一件浅黄色的外衣，我们两个都特别开心，觉得自己被他捧在手心里，再也不用像以前一样眼巴巴地羡慕别的小朋友了。可是，在我的印象里，爷爷好像什么东西都没给自己买过，他把所有的爱都给了我们、给了别人。直到他去世后，我才知道，为了抚养我们，他曾经去医院献血换取营养费，我真的太心疼了。

孔繁森给曲印、贡桑购买的衣物

言传身教　用心良苦

他教育我们要好好学习，将来成为有用的人。爷爷非常关心我们的学习情况，只要回家就会用心查看我们的作业，发现我们不懂的、做错的地方，他就耐心细致地讲解。和所有孩子一样，我们也有偷懒的时候，一边做作业，一边用藏语偷偷聊天。这时，爷爷就会悄悄地走到我们身后，监督我们用功学习。

我们刚和爷爷生活在一起时，由于爷爷的藏语不好，很多时候沟通不畅，我们只能用手势表达自己的想法。爷爷就非常认真地跟我们学习藏语，一个词一个词地记，一句话一句话地学。很快，他就可以用藏语跟我们交流了。他对学习的努力和执着，深深地触动了我。他还手把手教我们学习汉字，我和贡桑的名字都是爷爷教会的。

有一次周末，爷爷在家看我写作业，有一个问题他反复教了我好多遍，可我就是做不好。他有些生气，就带贡桑去邻居家，让我一个人在家好好用功，这也算对我的一个惩罚了吧。

1993 年，爷爷调到阿里工作，原本想把我们留在拉萨的，可是他不放心，就把我和妹妹一起带到了阿里。在那里，每天都是爷爷骑自行车送我和妹妹上下学，我坐在前面，妹妹坐在后面。那时候的阿里，没有公路，全都是沙土路，走路深一脚浅一脚。在我的印象中，阿里就像沙漠一样，沙子吹进眼睛里，眼睛根本睁不开。一天，风沙比较大，爷爷照常骑车带着我们两个去上学，车子在软绵绵的沙地里扭来扭去，一不小心歪倒在地上，我们都摔了下去，爷爷心疼得把我们抱在怀里，询问有没有伤到。那一路上，我们摔倒了两次。为了不让我们迟到，剩下的路爷爷就顶着风沙，推着车子，一步一步把我们送到学校，看我们进了校门，他又扭头推着车子上班去了。

由于我们当时年纪还小，在阿里一年多的时间里，学习和身体状况都明显下降。爷爷心里着急了，思前想后，为了我们的学习和发育，他决定把我们送回拉萨。这时，他向组织上第一次提出了个人要求，请求把崔叔叔调到拉萨工作，以便照顾我们。

1994 年 6 月，爷爷把我们带回拉萨交给崔叔叔，然后去北京开会了。他开会回来时，看见我们活泼健壮，非常高兴，决定带我们回阔别两年的家乡——墨竹工卡县羊日岗乡看一看。崔叔叔说："父母都不在了，回去看谁呢?"爷爷说："我是要让他俩不要忘记家乡，将来好好地建设家乡。"回家的路有些颠簸，爷爷对我们说："这路不好走，将来你们有能力的话要给家乡修条好路啊。"那天，我身穿蓝色牛仔服，妹妹穿了一件鲜红的连衣裙，全村的人都来看我们，夸我们大方了、懂事出息了。

我们在村里住了 5 天，第六天一早，在路边等爷爷来接我们。村里的乡亲们来送行时，都很羡慕，并赞叹地说，这是我们俩的福分，一定是我们前世积了德，今生才遇上了贵人。

爷爷回了阿里，我和妹妹留在拉萨，崔叔叔悉心照顾我们。

爷爷经常打电话来，关心我们的学习和生活情况，得知生活条件变了，我和妹妹吃东西也开始挑剔了，他就让崔叔叔再带我们回羊日岗乡住几天，走一走家乡的土路，看一看家乡的山水，再过两天家乡父老乡亲的生活，忆苦思甜。回来后，我和妹妹再也没有了挑食的坏习惯。

人生标杆　终身榜样

爷爷收养我和妹妹的时候，我们都还很小，现在我们都已经长大了，我和妹妹都非常想念他。说句实话，我很感谢爷爷当时能收养我们，他彻底改变了我们的命运，教会了我们许多做人、做事的道理。

爷爷已经走了快29年了，但他的楷模风范和对我们的好，我们永世不忘。我们从来没有忘记爷爷的恩惠，无论做什么事情都以他为榜样，不能让别人说我们做得不好，更不能辜负爷爷的期望。

现在，我们都有了自己的家庭，我也会经常教育我的孩子，爷爷是个好人，没有爷爷就没有我们今天的幸福生活，要以爷爷为榜样，为社会和家乡的发展做出自己的贡献。每年清明节和爷爷的忌日，还有过年的时候，我和妹妹都会带着家人一起去祭拜爷爷，我们永远不会忘记他。

永葆共产党员的本色

口述人：徐德海，曾作为援藏教师，在西藏樟木口岸中学工作

采访组：刘建国　赵亮亮　郜雪梅

采访日期：2018 年 6 月 1 日

采访地点：阳谷

“雷锋”在高原

1990 年，山东省教育委员会从德州、聊城、济宁、青岛、潍坊 5 个地（市）选派了 30 名援藏教师，其中，聊城选派了 6 名。当时我正在阳谷二中担任化学老师，和家属商量后，毅然报了名。

启程的前一天晚上，孩子问我：“爸爸，你为什么要到西藏去呢？”孩子问得非常朴素，我反复思忖如何才能让他理解，最后我说：“孩子，你知道雷锋叔叔吗？”孩子回答说：“知道。”我说：“爸爸告诉你，到西藏去就是为了向雷锋叔叔学习。”“那你

去多久?”“去两年就回来，回来的时候你就上五年级了。”孩子说好，就含着眼泪睡着了。

那个年代，整个社会学习雷锋的氛围蔚然成风，“帮助别人”的信念也深植于内心。在拉萨贡嘎机场下飞机接行李的时候，看到几位队友先后因为缺氧摔倒，我内心受到了冲击，因为从来没想到高原反应会这么厉害。当时我默默地告诉自己：“一定不能摔倒，摔倒就不能帮助别人提行李了。”这种朴素的信念支撑着我的意志。就在高原上，我认识了“九十年代的活雷锋”——孔繁森。孔繁森乐于助人的高贵品格和无私奉献的忠诚党性，到今天依然激励着我。

豪言励初心

抵达后，我们先住在日喀则地区行署驻拉萨办事处。强烈的高原反应，让人无论站着、坐着还是躺着，都不舒服，怎么都头疼，睡也睡不着。跟我同屋住的有青岛的徐国赞老师和莘县的张振山老师，我们聊起来后发现，大家都知道一位品德高尚、乐于助人的山东援藏老乡孔繁森，援藏之前是聊城地区行署副专员，现任拉萨市副市长。徐国赞老师当年在聊城参军的时候，曾经和时任聊城地委宣传部副部长的孔繁森打过照面。张振山老师也在莘县见过时任县委副书记的孔繁森，但是没有深入交流过。我们就合计着，一起去拜访拜访他。

8 月 16 日下午，我们三人一起来到孔市长的住处，边敲门边说："孔市长、孔专员，老乡来了。" 在西藏，大家基本不喊他"孔专员"，只有山东老乡才喊"孔专员"。孔市长打开门，满脸惊喜："老乡来了，快坐下。" 他亲切地给我们端茶倒水，还让一位小同志上街买了四元一斤的新疆大西瓜招待我们。在西藏，水果"物以稀为贵"，这样的盛情招待让我们感动得不知说什么好。

1990 年 9 月，孔繁森（左四）在拉萨河畔和藏族青年教师一家交谈工作和生活情况

我们依次做了自我介绍，孔市长说："我今年 46 岁了，你们都没我年龄大，喊我哥哥、三哥都行。咱们都做同一项工作，只不过我来得早几年。从今天开始，咱们就既是老乡又是援藏的战友了。" 去之前，我们原本有些担忧，他会不会"官大架子大"，对我们态度冷淡，没想到，他亲切和蔼、平易近人，让我们的拘谨不安涣然冰释。

我定睛打量，孔市长身体很健壮，身材比较高大，一米八左右。他真挚地对我们说："西藏工作环境相对来说比内地差些，高原缺氧，但是高原环境能锻炼人的意志。十八军进藏的时候，就是在这里边修路边打仗，边帮助当地群众收青稞，当年的条件要比现在艰苦很多倍，这种精神传下来就是老西藏精神——特别能吃苦、特别能战斗、特别能忍耐、特别能团结、特别能奉献。西藏条件艰苦，但是物产丰富，百姓关系和睦，普遍信仰藏传佛教。我们应该尊重这里的民族习惯，要在党和政府的路线方针指导下工作，认真完成工作任务。"我们原本被高原反应折磨得虚弱不堪，听到孔市长这些话，平添了无穷的勇气和信心。孔市长问我们："你们住在什么地方？"我们说："住在日喀则地区行署驻拉萨办事处。"他说："我到单位上安排一下工作，如果晚上不是很晚，就到教学队驻地去看望大家。"

当晚，孔市长不顾一天的工作劳累，专门到驻地看望教学队全体成员。孔市长紧紧握住带队队长赵维东的手，来到屋里，坐到床边上。屋里挤满了人，有站着的，有坐着的，大家都盼着孔市长讲讲话。孔市长说："都是老乡，都是高原战友，大家有什么困难有什么要求，给我提出来，我尽力帮忙。不过我对大家提几点要求：一是坚持下来；二是尽快适应环境；三是搞好团结多做工作。为啥强调这三点呢？大家都是自愿报名、响应党的号召来的，都是选出来的精英，代表咱们山东形象，可以说教学队也是一支战斗队，是战斗队的话咱们是战友，因此，咱们把这两年援藏工作看作一次战斗，是战胜恶劣环境的战斗。这次战斗，不辜负党和政府的期望，不辜负八千万父老乡亲对咱们的重托，要把援藏工作当作战斗任务来完成。除了完成教育教学工作，藏族群众需要咱们帮助的，只要咱们能办到，咱们一定帮忙！相信大家都能做到。”听了孔市长的讲话，大家精神都非常振奋，高原反应好像一扫而光，都发自肺腑地喊道：“保证完成任务!”孔市长的讲话不是唱高调，而是通俗易懂、贴近教学队的工作实际，深深地震撼着每个援藏教师的心灵。

不负党教诲

在孔市长的鼓舞下，援藏教师队伍很快就适应了环境，不但圆满完成了本职工作，还对当地学校教学工作的创新改革做出了贡献，比如改善教学方法、指导学科老师等。就拿我本人来说，在教学之余，教当地的老师化学知识。此外，我们还给当地的驻军和政府写一些文件材料，帮部队搞些共建，给学生、当地居民理发……可以说赢得了很好的口碑，得到了教育行政部门和学校很高的评价。

孔市长不仅鼓舞我们，他自己更是不惧艰险、不遗余力地为百姓谋福祉。他当时分管文教、卫生和民政工作，为了解情况，他跑遍了全市 8 个县（区）的所有公办学校和一半以上的村办小学，并改建、扩建、新建学校，适龄儿童入学率上升到 80%。他的身上彰显着优秀共产党员的品质，不负党的教诲，永葆共产党员的本色。

在我们圆满完成援藏任务、即将回山东的时候，孔市长再次激励我们：“请咱们山东教育的战友们、同志们、兄弟们回去后继续关心西藏、支持西藏，有机会再来西藏，我在西藏等着你们！”没有想到的是，回到山东两年之后，竟听到了孔市长遭遇车祸的噩耗，当时我抑制不住地掉下了眼泪。因为他留给我的印象实在太深刻了，在我们初入高原最困难、找不到人倾诉的时候，他的出现就像给我们注入了一剂强心针。没有经历过的人，是不能体会这种感受的。这浓浓的雪域情，至今让我难以忘怀，它的内涵太丰富了，包含着舍家为国的豪情、对西藏人民的深情，还有我们山东老乡同在高原的乡情、战友情！

我的好战友、我的好领导、我敬爱的好三哥孔繁森同志已经离开我们20多年了，但是他的精神依然催人奋进，不会因时代的变迁而改变。我认为，作为一名共产党员，就应该像孔繁森那样，不忘初心，牢记使命，无论何时何地，都永葆共产党员的本色。

大爱无疆　雪域回响

口述人：马勇，曾任西藏军区司令部战士

采访组：李菲　刘建国　赵亮亮

采访日期：2014 年 4 月 15 日

采访地点：齐河

对西藏人民，他视如亲人、无私奉献

我和孔繁森在老家的时候就认识，后来我当兵去了西藏，分到西藏军区司令部车队。有一次他到军区找我，当时他穿着一件破旧的夹克，骑着一辆没有挡泥板的自行车，谁也看不出来他竟然是拉萨市的副市长，门口站岗的同志都不让他进，他不得不把我叫出来。这就是我们在西藏的第一次见面。

在西藏，我经常去他家里，周末、过年过节的时候也经常聚在一起。当时他生活很艰难，住处是一室一厅的小房子，家具只有一张木床、一个箱子、一张写字台、一张圆桌、两三把折叠椅，摆设非常简陋，别说电视机了，连个收音机都没有。我印象中，他只有两三身衣服，都已经很旧了，而且他的衣服只有外衣是好的，里面的都是补丁摞补丁。

他工作之余，会去敬老院慰问孤寡老人。我如果时间凑巧，也跟他一起去。当时的敬老院，就是一些藏式的平房，屋顶是铁皮盖的。当时单位还没有给他配车，我们就走着去，有时需要一两个小时。他自己的生活很简朴，对孤寡老人却很大方。他有个小药箱，去之前他会用自己的钱买好药，把小药箱塞得满满当当，再买点方便面、火腿肠之类的食品。去了之后，他给老人们听诊、发药，把食品分给他们。有时候，他还会给老人们钱，老人们也都喜欢跟他说说话。

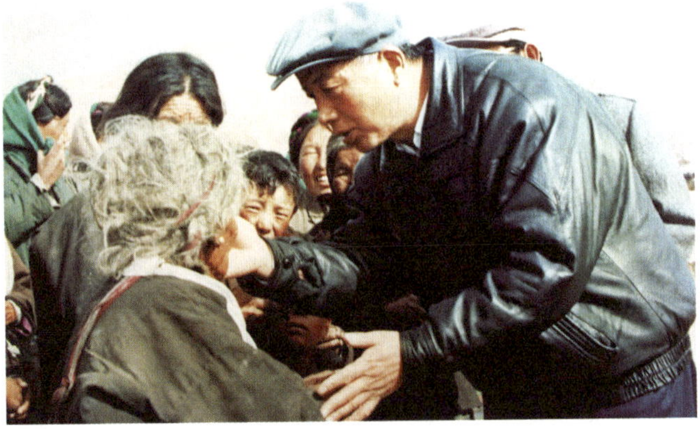

1990 年夏天，为结束尼木县续迈等三个乡镇的群众长期饮用高氟水、易患大骨节病的历史，孔繁森下乡考察相关情况

后来孔繁森还收养了三个藏族孤儿，天天给他们做饭、洗衣服，对他们非常关心、爱护。孩子们上学之后，他很耐心地辅导

功课，有什么需要的文具、衣服、生活用品，他都毫不吝啬地给孩子们买，方方面面照顾得都很周到。我们一开始很不理解他为什么这样做，大家都劝他给孩子找个别的归宿，他说："这些孩子父母都不在了，只剩下他们孤零零的，如果我再不管，他们该怎么办呀？"

他的工资本来就不多，自己根本舍不得花。我从来没在他身上见过大额的钱，都是十几块钱。自己如此困难，还经常对孤寡老人慷慨解囊，后来又增加了三个孩子的开支，生活确实非常拮据，实在没办法了，他就去西藏军区总医院献血。当时我们不知道，他跟我们说："去看个病号。"但是每次从医院回来，他都很"阔绰"，要么就买点东西去敬老院，要么就给收养的孩子们买点吃的、用的。他回家脱了衣服之后身上有针眼儿，我们看见了就问他，他都是用"输水去了""打针打的"这种理由来搪塞我们。要知道，在本就高寒缺氧的高原地区，献血是非常危险的，但孔繁森将自己的安危置之度外，一心想的是别让老人、孩子受委屈。

对年轻同志，他热情关怀、严格要求

孔繁森爱干净，他家里别的没有，盆子倒是挺多，有洗脚的、洗脸的、洗衣服的。有时候我们到他家去住，脱了衣服不愿意洗，他就给我们洗。想在他家住，必须得洗澡。拉萨冷啊，也没什么洗澡的地方，我们就在电炉子上烧一盆水擦擦身上，洗不干净不能睡觉。

当时，我们几个年轻人都不大会包饺子，过春节的时候就去他家，他包了煮给我们吃。他还给我们发压岁钱，每人十块二十块，让我们买鞭炮，领我们出去玩儿，但是经常转着转着就走到了敬老院。

对我们这些年轻人，他非常关心爱护，但是该对我们提的要求一点儿也不少，有时候非常严厉。那时候，我们很调皮，经常闯祸，他真的板起脸来训我们，我们对他是又敬又爱又怕。我还是新兵的时候，他就督促我考军校，并给我买了一些复习材料，我收到之后特别感动。但是那时候我玩心重，没法沉下心来学习，他就天天盯着我、逼着我学习，可惜最终我也没考上，辜负了他的期望。现在想想，真的很后悔，如果我考上了，他一定是最为我感到高兴和欣慰的那个人。

孔繁森去世的时候，我回聊城参加了追悼会。后来，聊城地委让我们留下来整理孔繁森的事迹材料，我保存的照片大部分在当时交给了聊城地委，有几张实在舍不得交的，我自己保存着，现在还不时拿出来看看。真想念那些日子啊，哪怕再让他狠狠训一顿，我都愿意。

附录　孔繁森精神教学基地简介

孔繁森精神教学基地位于孔繁森同志家乡——聊城市东昌府区堂邑镇五里墩村，是山东省委组织部2019年以来重点推进打造的党性教育基地。基地以打造全国一流党性教育基地和全国首个援藏、援疆、援青等援派干部教育基地为目标，总建筑面积4.2万平方米，分教学区和生活区两个功能区。

教学区以“为民寄清风”为主题，建筑面积1.7万平方米，包括教学楼、报告厅、会议交流中心等；生活区以“家园育英模”

孔繁森精神教学基地正门

为主题，建筑面积2.5万平方米，包括餐厅、学员宿舍楼、体育馆、室内外活动场所等。可同时容纳600人培训、400人住宿。

基地自2021年7月启用以来，坚持“姓党”原则，以习近平新时代中国特色社会主义思想为指引，以“弘扬建党精神、赓续红色血脉、锤炼党性修养、培育时代新人”为办学宗旨，多元开发孔繁森精神主题特色课程，吸引了青海、西藏等地区的干部以及山东省委党校、山东省民族宗教委等省内党员干部人才前来培训学习。

云泽湖畔的基地生活区

孔繁森精神教学基地以弘扬孔繁森精神为主题，充分挖掘聊城红色文化资源优势，以孔繁森同志纪念馆、孔繁森同志在莘县事迹陈列馆（马西林场生态文化园）、中共鲁西北地委旧址纪念馆、中共山东省委重建纪念馆、中共冀鲁豫（平原）分局旧址、鲁西第一个党支部纪念馆、刘邓大军强渡黄河战役纪念馆、山东东阿阿胶股份有限公司、杜立芝党代表工作室、“鲁西小寿光”茌平区贾寨镇耿店村等10个现场教学点为支撑，以马本斋烈士陵园、临清三和集团、东昌府区人民检察院“白云热线”等现场教学基地为依托，积极开发“孔繁森精神”主题课程、“铸牢中华民族共同体意识”特色课程体系及精品培训项目，构建“1+10+N”党性教育新格局，打造富有聊城特色、在山东省具有示范意义、在全国具有较大影响力的党性教育培训阵地。

基地教学区的会议交流中心

孔繁森精神教学基地按照《干部学院办学质量评估办法》要求，积极创新互动教学方法，设置了3—12天“课堂+现场”紧密结合的教学课程，根据不同班次和需求，在突出抓好必学内容的基础上，提供“菜单式”教学服务，灵活、合理地组合培训内容。为更好地提升培训质量，基地按照“内强外联”的思路，不断优化师资库建设。在练好内功、激发内部活力的同时，积极联合外部优秀教学资源，邀请中央、省委、市委党校和中央民族大学、中央民族干部学院、山东大学等国内知名高校及研究机构的专家学者授课，推动先进模范人物、优秀党员领导干部上讲台，形成了一支结构合理、素质优良、经验丰富的专兼职师资队伍，为教育培训工作提供了优良的师资保障。

基地教学区的报告厅

孔繁森精神教学基地将在习近平新时代中国特色社会主义思想的指引下，始终牢记党的宗旨，扛起时代重任，坚守和弘扬伟大建党精神，奋力谱写宣传孔繁森精神的新篇章，努力成为孔繁森精神起而行之的实践者，让楷模的时代精神、红色传统的基因、民族团结的火种、历史文化的遗产代代传承。

后记　岁月掩不住精神的光芒

王　巍

1988 年 10 月至 1992 年年底，孔繁森担任拉萨市副市长，分管文教、卫生和民政工作。到任仅 4 个月，他便跑遍了全市 8 个县区的所有公办学校和一半以上乡办、村办小学，为发展少数民族教育事业奔波操劳；为了结束尼木县续迈乡等 3 个乡群众易患大骨节病的历史，他几次爬到海拔近 5000 米的山顶水源处采集水样，帮助群众解决饮水问题；一次去山南开会，孔繁森遭遇车祸，造成了严重的脑震荡、颅底骨折，但未等完全康复，他就带领考察组到北京、重庆、杭州、合肥等地 16 所中学看望西藏班的学生，最终留下了右眼成像重影、颈腰损伤的终身残疾。他常说：“每当看到西藏的老人，就想到自己的父母，每当看到西藏的孩子，就仿佛见到了自己的儿女。”他用自己不高的收入长期收养藏族孤儿，常常为患病的西藏同胞送医送药，为有困难的群众慷慨解囊……

拉萨，无疑是孔繁森人生轨迹中的闪光坐标。时至今日，繁森故事仍在拉萨传颂。在采访中，我们能够听到呼唤孔繁森的声音，在青稞地，在群山间，在拉萨河畔，在共产党员心中，在人民群众心中，一浪高过一浪，始终激荡不已。曾经与他有过交集的党员干部群众，仍牵挂着孔繁森，怀念着孔繁森。正是为了回应这种思念与呼唤，聊城市孔繁森精神教学基地不断加快《我心中的孔繁森——口述孔繁森采访实录·拉萨编》的编写步伐，让本书得以尽快正式出版。

在前期推出的《我心中的孔繁森——口述孔繁森采访实录·阿里编》的基础上，本书通过一个个原汁原味的感人故事、一段段至真至情的场景回现、一篇篇发自内心的真情口述，展开一段悠远绵长的追忆之旅。来自拉萨的口述者们，用饱含深情的口吻讲述着记忆中的孔繁森，每字每句都蕴含着炽热的温度，承载着沉甸甸的分量。当口述材料相互交织，琐碎记忆串联成线，孔繁森同志在拉萨期间的生命轨迹和奋斗历程便生动地呈现在我们眼前。

在采访与编辑过程中，我们尽可能细致、翔实、全面地收集访谈材料，并在整理过程中抽丝剥茧、去伪存真，以更加接近历史真相，还原真实的孔繁森。在不改变原意的前提下，编者对文字进行了适当的技术处理。书中记录的口述人简历为受访者本人提供，标题为编者所加。所配图片一部分出自专业摄影艺术家之手，一部分系文物征集所得。因一些图片年代久远，作者已不可考，未能署名，在此致以诚挚谢意，并希望图片原作者看到本书后，及时与我们取得联系。

《我心中的孔繁森——口述孔繁森采访实录·拉萨编》的完成，得益于众多部门及人士的帮助。在此，深深感谢受访者及其亲属、部队、组织部门对采访工作的大力协助；感谢山东省委组织部、拉萨市委组织部、聊城市委组织部、聊城军分区等部门对受访人筛选工作的大力支持；感谢李长萍同志在百忙之中为本书撰写序言；感谢崔建勇、吴荣生、吴焕根等专家学者，认真审读了稿件；感谢拉萨市委宣传部、拉萨融媒提供的珍贵插图。本书的出版得到山东人民出版社、西藏人民出版社的大力支持，在此表示诚挚的谢意。

作为成套的口述资料汇编，《人民心中的孔繁森——孔繁森口述资料研究》已完成两部。回望来时路，每一部作品的完成，均非一个人的成果，而是众多力量之结晶。自2013年“口述孔繁森访谈项目”正式启动后，孔繁森同志纪念馆、聊城市孔繁森精神教学基地全员全力投入采访、收集、整理、编辑、校对工作中。这样大规模的人力物力投入，为深入开展新时代孔繁森精神研究、高质量开设孔繁森精神专题课程、广泛开发孔繁森精神主题书籍、剧目等奠定了坚实基础，更为2023年所举办的弘扬孔繁森精神与铸牢中华民族共同体意识研讨会提供了大量研究材料支撑。后期，我们将继续推出“山东编”“岗巴编”等系列专辑，进一步深化对孔繁森精神的研究力度。鉴于我们水平有限，经验不足，错误和疏漏在所难免，恳请专家、学者、读者们谅解指正，以便我们及时对本书内容进行修正，使本系列资料日臻完善。

“历史是最好的教科书。”在全党全国人民深入学习贯彻党的二十大和全国“两会”精神之际，在越来越多人主动接受红色教育、追思历史、瞻仰伟人和革命先烈之时，我们推出这部口述资料汇编，愿为广阔的初心践行之路添一抹红。本书如果能为关注孔繁森精神研究的学者专家提供一些全新的素材线索，能被感怀孔繁森同志事迹的细心读者时常捧于手中、置于案头，能为新时代孔繁森精神的传承与弘扬尽上一份绵薄之力，我们便可欣欣然了。

（作者系聊城市委党校副校长，聊城市孔繁森精神教学基地服务中心主任、孔繁森同志纪念馆馆长）